古典文獻研究輯刊

二四編

潘美月・杜潔祥 主編

第 16 冊

先唐雜傳地記輯校
——地記輯校乙編
（第十一冊）

王琳主編　張帆帆、王琳輯校

國家圖書館出版品預行編目資料

先唐雜傳地記輯校——地記輯校乙編（第十一冊）／王琳主
編 張帆帆、王琳輯校 -- 初版 -- 新北市：花木蘭文化出版社，
2017〔民 106〕
目 4+224 面；19×26 公分
（古典文獻研究輯刊 二四編：第 16 冊）
ISBN 978-986-485-006-8（精裝）
1. 藝文志 2. 唐代
011.08   106001915

ISBN-978-986-485-006-8

9 789864 850068

古典文獻研究輯刊
二四編　第十六冊   ISBN：978-986-485-006-8

先唐雜傳地記輯校──地記輯校乙編（第十一冊）

編 校 者　王琳主編　　張帆帆、王琳輯校
主　　編　潘美月　杜潔祥
總 編 輯　杜潔祥
副總編輯　楊嘉樂
編　　輯　許郁翎、王筑　美術編輯　陳逸婷
企劃出版　北京大學文化資源研究中心
出　　版　花木蘭文化出版社
社　　長　高小娟
聯絡地址　235 新北市中和區中安街七二號十三樓
　　　　　電話：02-2923-1455／傳眞：02-2923-1452
網　　址　http://www.huamulan.tw 信箱 hml 810518@gmail.com
印　　刷　普羅文化出版廣告事業
初　　版　2017 年 3 月
全書字數　403157 字
定　　價　二四編 32 冊（精裝）新台幣 62,000 元　　版權所有・請勿翻印

先唐雜傳地記輯校

——地記輯校乙編

（第十一冊）

王琳主編　　張帆帆、王琳輯校

目次

第十一冊

《惡道記》 宋袁淑

袁淑（408-453），陳郡陽夏（今河南太康）人，好屬文，有才辯，劉宋時彭城王命爲軍司祭酒，臨川王請爲咨議參軍，元嘉二十六年爲尙書吏部郎，累遷太子左衛。著有《大蘭王九錫文》等。袁淑《惡道記》，卷亡，史志不著錄。今所見有《北堂書鈔》卷一百五十八所引一條。

惡道

惡道兩邊連山臨溪，高巘壁立相重屬，莫測其源，其孤巖絕崖，百丈千尋，鍾乳石穴，幽邃潛洞。（《北堂書鈔》卷一百五十八。）

《南越志》 宋沈懷遠

沈懷遠《南越志》，《隋書·經籍志》言八卷，沈氏撰。新、舊《唐志》並言《南越志》五卷，沈懷遠撰。《宋史·藝文志》載沈懷遠《南越志》五卷，則此書元時應存。沈懷遠，劉宋時人，生卒年不詳。吳興武康（今浙江德清縣西）人，沈懷文弟。嘗爲始興王劉濬征北長流參軍，世祖徙之廣州，使廣州刺史宗慤於南殺之，會南郡王義宣反，懷遠頗閑文筆，慤起義使造檄書，並銜命至始興，與始興相沈法系論起義事。事平，慤具爲陳請，由此見原。終孝武世不得還。懷文雖親要，屢請終，不許。前廢帝世流徙者，並聽歸本官，至武康令，撰《南越志》及《懷文文集》，並傳於世。南越，即今兩廣與越南地區。沈懷遠《南越志》亡佚後，後代輯本較多。《說郛》宛委山堂本、王仁俊《玉函山房輯佚書補編》皆輯沈懷遠《南越志》一卷。清杜文瀾《曼陀羅華閣叢書·古謠諺》卷二十八輯《南越志》佚文。陶棟《輯佚叢刊·異物志附》、劉緯毅《漢唐方志輯佚》等皆輯此書。

銀穴

逐城縣天任〔一〕山之東北有銀穴焉〔二〕，銀沙自是出〔三〕。(《北堂書鈔》卷一百五十八。又見《編珠》卷一。)

〔校記〕

〔一〕天任，《編珠》曰「夫人」。

〔二〕焉，《編珠》無。

〔三〕銀沙自是出，《編珠》曰「常出烏銀沙」。

逐成縣任山銀穴有銀沙。(《藝文類聚》卷八十三。)

逐成縣任山，銀沙自出。(《太平御覽》卷八百一十二。)

九品珠

珠有九品，大五分以上，一寸七八分爲大品，有光彩。一邊小平，似覆釜者，名瑎珠；次爲走珠；次爲滑珠；次爲礫砢珠；次爲官雨珠；次爲稅珠；次爲蔥符珠。(《編珠》卷三。)

珠九品，言大小之次。(《白氏六帖事類集》卷二。)

珠有九品，大〔一〕五分以上至一〔二〕寸八九〔三〕分爲大品〔四〕；有光彩，一邊小平似覆釜〔五〕者名瑎珠；瑎珠之〔六〕次爲走珠；走珠之次爲滑珠；滑珠之次爲礫砢〔七〕珠；礫砢珠之次爲官雨〔八〕珠；官雨珠之次爲稅珠；稅珠之次爲蔥符〔九〕珠。(《初學記》卷二十七。又見《太平御覽》卷八百零三、《事類賦注》卷九、《錦繡萬花谷》後集卷三十一、《續博物志》卷十。)

〔校記〕

〔一〕大，《續博物志》作「寸」。

〔二〕一，《續博物志》無。

〔三〕九，《太平御覽》作「分」。

〔四〕爲大品，《太平御覽》作「爲八品」，《事類賦注》作「尤爲入品」。

〔五〕釜，《續博物志》作「金」。

〔六〕之，《續博物志》衍作「之之」。

〔七〕礫砢，《續博物志》作「磊螺」，下同。

〔八〕官雨，《太平御覽》、《事類賦注》作「官兩」，下同。

〔九〕蔥符，《太平御覽》作「符」；《事類賦注》作「符」；《續博物志》作「蔥」。

蕉布

蕉布之品有三，有蕉布，有竹子布，又有葛焉。雖精麤之殊，皆同出而

異名。〔一〕（《後漢書・王充王符仲長統列傳》李賢等注。又見《錦繡萬花谷》別集卷二十七。）

〔校記〕

〔一〕此二句，《錦繡萬花谷》無。

番禺縣

番禺縣有番禺二山〔一〕，因以爲名。（《初學記》卷八。又見《後漢書・隗囂公孫述列傳》李賢等注。此條，《初學記》不言作者，《後漢書》注言出《越志》，應即《南越志》。《説郛》言出沈懷遠《南越志》。）

〔校記〕

〔一〕番禺二山，《後漢書》注作「番山、禺山」。

江浦

番禺縣〔一〕之西，有江浦焉。（《後漢書・南蠻西南夷列傳》李賢等注。又見《資治通鑑補》卷十八。按，此條，《後漢書》注、《資治通鑑補》皆未言作者，明歐大任《百越先賢志》卷一言此條出沈懷遠《南越志》。）

〔校記〕

〔一〕縣，《資治通鑑補》無。

小水

海安縣南〔一〕有小水，南汪乎〔二〕海。極日滄嶼〔三〕，渺望溟波〔四〕。（《初學記》卷六。又見《事類賦注》卷六。）

〔校記〕

〔一〕南，《事類賦注》無。

〔二〕乎，《事類賦注》作「於」。

〔三〕滄嶼，《事類賦注》作「滄澳」。

〔四〕溟波，《事類賦注》作「洪波」。

潮陽南有小水，注海濱，帶層〔一〕山。其中多文貝，可以解毒。（《初學記》卷八。又見《錦繡萬花谷》後集卷六。）

〔校記〕

〔一〕層，《錦繡萬花谷》作「曾」。

潮陽，窮海之北〔一〕，故曰潮陽。縣之南有小水而南流，注於海中。〔二〕多文貝，可以解毒，紫藻朱文，即其狀。〔三〕（《太平寰宇記》卷一百五十八。又見《輿地紀勝》卷九十九、《太平御覽》卷一百七十二。）

〔校記〕

〔一〕此句，《輿地紀勝》作「以在大海之北」。

〔二〕此二句，《太平御覽》無。

〔三〕「多文貝」數句，《太平御覽》、《輿地紀勝》無。

三江

廣信江，始安江，鬱林江，亦爲三江，在越也。（《初學記》卷六。）

圓岡

熙安縣，齊宋有此縣名，〔一〕東南有圓岡〔二〕，高數〔三〕十丈，岡〔四〕四〔五〕面爲羊腸道，說者謂〔六〕：尉陀登此望漢而朝拜〔七〕，故曰朝漢臺〔八〕。（《南海百詠》。又見《初學記》卷二十三、《太平御覽》卷一百七十七。）

〔校記〕

〔一〕此句，《初學記》、《太平御覽》無。

〔二〕圓岡，《初學記》作「固岡」。

〔三〕數，《太平御覽》無。

〔四〕岡，《太平御覽》無。

〔五〕四，《初學記》作「西」。

〔六〕說者謂，《初學記》作「說者云」，《太平御覽》作「論者曰」。

〔七〕朝拜，《初學記》作「朝宗」，《太平御覽》作「朝」。

〔八〕故曰朝漢臺，《太平御覽》作「名曰朝臺」。

歲時尉佗登此望漢而朝拜。（《輿地紀勝》卷八十九。）

珠

海中有大珠、明月珠、水精珠。（《初學記》卷二十七、《錦繡萬花谷》後集卷三十一。）

簹竹

博羅縣東蒼州足簹竹，《銘》曰：簹竹〔一〕既大，簿且空中，節長一丈〔二〕，其直如松。（《初學記》卷二十八。又見《筍譜》。）

〔校記〕

〔一〕此數字，《筍譜》無。

〔二〕節長一丈，《筍譜》曰「節直二丈」。

象牙

象牙長一〔一〕丈餘，脫其牙則深藏之〔二〕。削木代之可得〔三〕。不爾，窮

其主〔四〕，得乃已也〔五〕。〔六〕（《初學記》卷二十九。又見《白孔六帖》卷九十七、《太平御覽》卷八百九十、《記纂淵海》卷九十八、《錦繡萬花谷》後集卷三十九、《事文類聚》後集卷三十六。）

〔校記〕

〔一〕一，《事文類聚》無。

〔二〕深藏，《白孔六帖》作「藏」，《記纂淵海》作「掘地深藏」。

〔三〕此句，《記纂淵海》作「人削木爲假牙，潛易之乃得。」

〔四〕窮其主，《白孔六帖》作「則窮其主」。

〔五〕得乃已，《白孔六帖》作「得之乃噬」。

〔六〕「不爾」數句，《記纂淵海》無。

䶂鼠

䶂鼠似鼺鼠，常洞地穴，飲泉噬竹。（《初學記》卷二十九。）

雞冠

雞冠四〔一〕開如蓮花，鳴聲清澈〔二〕也。（《初學記》卷三十。又見《太平御覽》卷九百一十八、《藝文類聚》卷九十一、《白氏六帖事類集》卷二十九、《事類賦注》卷十八。）

〔校記〕

〔一〕四，《白氏六帖事類集》無。

〔二〕鳴聲清澈，《藝文類聚》作「鳴聲清澈」，《事類賦注》作「清鳴聲徹」。《白氏六帖事類集》無此句。

威平巨穴

威平有巨穴焉，至於重陰四晦，則雞鳴雲中。（《初學記》卷三十。）

鯪魚

鯪魚，鯉也。形如蛇而四足，腹圍五六寸，頭似蜥蜴，鱗如鎧甲。〔一〕（《初學記》卷三十。又見《詁訓柳先生文集》卷十八。）

〔校記〕

〔一〕「腹圍」數句，《詁訓柳先生文集》無。

烏鰡

烏鰡魚，通身黑，長二丈。（《初學記》卷三十、《錦繡萬花谷》後集卷四十。）

蝦鰌

蝦鰌長五丈，尾似蝦。(《初學記》卷三十。)

龜甲

龜甲，一〔一〕名神屋，出南海，生池澤中，吳越謂之元〔二〕佇。神龜大如拳而色如金，上甲兩邊如鋸齒。爪至〔三〕利，而能緣大木，捕鳴蟬。至美可食。不中於卜，以其小故也。涪陵大龜，文似玳瑁，俗號曰靈龜。〔四〕(《初學記》卷三十。又見《太平御覽》卷九百三十一。)

〔校記〕

〔一〕一，《太平御覽》無。

〔二〕元，《太平御覽》作「玄」。

〔三〕至，《太平御覽》無。

〔四〕此三句，《太平御覽》無。

神龜出江水中。廬江郡常獻生龜於大卜，冥含神知，爲效之大。(《初學記》卷三十。)

神龜出，大如拳而色如金。(《初學記》卷三十。)

神屋，龜甲也。(《韻府群玉》卷十七。)

吳公

綏定縣多吳公。其大者能以氣吸蜥蜴。(《太平御覽》卷九百四十六。)

棘竹

宋昌縣有棘竹，長十尋，里〔一〕人取以爲弓。〔二〕(《初學記》卷二十二。又見《太平御覽》卷三百四十七、《事類賦注》卷十三、《山谷內集詩注》內集卷八。)

〔校記〕

〔一〕里，《太平御覽》作「俚」。

〔二〕此句，《山谷內集詩注》無。

宋昌縣有棘竹，長十尋，大如甕。其間短者輒六七丈也。爲竹叢薄，葉下有鉤刺，或有條，末如芒針。〔一〕(《太平御覽》卷九百六十三。又見《初學記》卷二十八。)

〔校記〕

〔一〕「爲竹叢薄」數句，《初學記》無。

沙麻竹

沙麻竹，人削以爲弓。弓似弩，淮南所謂溪〔一〕子弩也。或曰蘇麻竹，或曰粗麻竹。〔二〕（《太平御覽》卷九百六十三。又見《太平御覽》卷三百四十七。）

〔校記〕

〔一〕溪，《太平御覽》卷三百四十七作「浮」。

〔二〕此二句，《太平御覽》卷三百四十七無。

夫隂縣

晉康郡大隂縣人夷，曰其俗柵居，實惟俚之城落。（《太平御覽》卷七百八十五。）

蟠龍

蟠龍，身長四丈，青黑色，赤帶如錦文，常隨渭〔一〕水而下，入於海，有毒，傷人即死。（《初學記》卷三十。又見《太平御覽》卷九百三十。）

〔校記〕

〔一〕渭，《太平御覽》無。

螭龍有赤帶如錦文，即紅枝也。（《箋注評點李長吉歌詩》外集。）

寄魚

寄魚，長三寸，似白魚，常附海船以濟洪波。一曰寄載魚。（《太平御覽》卷九百四十。）

君魚

君魚，長三寸，背上骨如筆管，大者似矛。逢諸細魚及黿，腹皆斷之。（《太平御覽》卷九百四十。）

琵琶魚

琵琶魚，無鱗，長二尺，形似琵琶，故因以爲名。（《太平御覽》卷九百四十。）

含光魚

含光謂臘魚，正黃而美，故謂爲臘魚，夜則有光。（《太平御覽》卷九百四十。）

鱸魚

鱸魚似鮇鱓，尾上有刺，如欓樹刺也。(《太平御覽》卷九百四十。)

織杼魚

織杼魚，如眞魚，背上正青。(《太平御覽》卷九百四十。)

真魚

眞魚，如織紓魚。(《太平御覽》卷九百四十。)

鼠魚

鼠魚，頭如鼠。(《太平御覽》卷九百四十。)

蘆鮃魚

蘆鮃魚生山曲之間，穴地爲窟，泉源踴則此魚出。今廬陵以南至於南州有焉。俗以爲醬。(《太平御覽》卷九百四十。)

水母

海岸間頗有水母，東海謂之蛇，正白，濛濛如沫，生物有智識，無耳目，故不知避人。常有蝦依隨之，蝦見人則驚，此物亦隨之而沒。(《文選·賦己·江海·江賦》李善注。)

海岸間育〔一〕水母，東海謂之蛇。(《太平御覽》卷九百四十三。又見《集韻》卷八、《類篇》卷三十八。)

〔校記〕

〔一〕此數字，《集韻》、《類篇》無。

守宮

成陽縣樹多守宮，大者能鳴，謂之蛤蠏。(《太平御覽》卷九百四十六。此條，《太平御覽》言出徐懷遠《南越志》，「徐」，當爲「沈」之誤也。)

青桐

青桐華頗似木綿，而輝薰〔一〕過之。(《初學記》卷二十八。又見《太平御覽》卷九百五十六。)

〔校記〕

〔一〕薰，《太平御覽》作「重」。

海藻

海藻，一名海苔，或曰海羅〔一〕，生研石上。〔二〕（《初學記》卷二十七。又見《文選·賦已·江海·江賦》李善注、《太平御覽》卷一千。）

〔校記〕

〔一〕此句，《太平御覽》無。

〔二〕此句，《文選》注無。

鬱林郡

鬱林郡，其地常隆隆有聲音，如賤空地。又鬱平縣有石井，半甘半淡，俗名司命井，井周給闔境也。又南有石室，空開虛映，皎潔凝明，中有石人，有石床，可容百許人坐。北有山枕椅，相望塵境，互寧越烏滸之民。（《太平寰宇記》卷一百六十五。）

鬱平縣有石井，半甘半淡，俗謂之司命井，井周給闔境。（《輿地紀勝》卷一百二十一。）

鬱平縣南有石室。（《輿地紀勝》卷一百二十一。）

懶婦獸

晉城縣有懶婦獸，古有織女臥機上，其姑怒之，遂忿赴水，姑遂以杼投其背，化為此獸。今背上有文如杼形。大者可得脂三斛，燃之，照紡績即暗，照歌舞即明。習懶之性，化而不革。（《太平寰宇記》卷一百六十六。）

昔有懶婦睡機上，姑怒之，遂走，投水化為奇獸，一枚可得脂三四斛，燃之照紡，績則暗，照歌舞則明，習懶之性不革也。今安平、七源等州峒俱有，狀如山豬而小，喜食苗田，夫以杼軸之類掛於田頭，則不敢復近矣。（《說郛》宛委山堂本卷六十一。）

按，此條，《太平寰宇記》不著作者，《說郛》言出沈懷遠《南越志》。

蘇磨嶠

寧浦郡東南有蘇摩〔一〕嶠。（《初學記》卷八。又見《太平寰宇記》卷一百六十九、《錦繡萬花谷》後集卷六。此條，《初學記》、《太平寰宇記》未言作者，《說郛》宛委山堂本言出沈懷遠《南越志》。）

〔校記〕

〔一〕摩，《太平寰宇記》作「磨」。

金溪穴

徵側奔入金溪穴中，二年乃得之。（《資治通鑒補》卷四十三。）

南越王

尉任囂疾篤，知己子不肖，不堪付以後事，遂召龍川令趙陀，謂之曰：「秦室喪亂，未有眞主，吾觀天文，五星聚於東井，知南越偏霸之象。」故召陀，授以權柄。（《南海百詠》。）

秦二世，五星會於南斗牛，南海尉任囂知其偏霸之氣，遂有志焉。病且死，召眞定人趙他行南海尉事，故今呼爲尉佗，漢高帝遣陸賈立爲南越王。（《說郛》宛委山堂本卷六十一。）

嵩臺

高要有石室，自生風煙，南北二門，狀如人巧，意者〔一〕以爲〔二〕神仙之下都〔三〕，因名爲嵩臺，〔四〕山中多石燕，北海李邕有記，鐫石存焉。〔五〕（《太平寰宇記》卷一百五十九。又見《寶刻叢編》卷十九、《輿地紀勝》卷九十六「景物上」、《輿地紀勝》卷九十六「景物下」。）

〔校記〕

〔一〕意者，《寶刻叢編》作「人」，《輿地紀勝》卷九十六「景物下」無。

〔二〕以爲，《輿地紀勝》卷九十六「景物下」作「號爲」。

〔三〕神仙之下都，《寶刻叢編》作「神仙都」，《輿地紀勝》卷九十六「景物上」作「神仙居下都」。

〔四〕此句，《寶刻叢編》作「因名嵩臺」，《輿地紀勝》卷九十六「景物上」作「因名嵩臺山」，《輿地紀勝》卷九十六「景物下」作「土人謂之嵩臺」。

〔五〕此句，《寶刻叢編》、《輿地紀勝》卷九十六「景物上」、《輿地紀勝》卷九十六「景物下」皆無。

高安石室，自生風峒，南北二門，狀若人功，意者以爲仙都。（《初學記》卷八、《錦繡萬花谷》後集卷六。）

竦石

高要有竦石，廣六十餘〔一〕丈，高二百許〔二〕仞，土人謂之嵩臺。（《初學記》卷八。又見《唐詩鼓吹》卷四。）

〔校記〕

〔一〕餘，《唐詩鼓吹》無。

〔二〕二百許，《唐詩鼓吹》作「三百」。

石室山

石室山傍洞雲霧自生風煙，有二石門，以爲仙之下都。（《太平御覽》卷一百七十二。）

夜明珠

端溪俚人岑班入山遇一寶珠，徑五寸，取還。夜光明照燭，俚人甚懼。以火燒之，雖小〔一〕損，猶照一室。（《初學記》卷八。又見《錦繡萬花谷》後集卷六。）

〔校記〕

〔一〕小，《錦繡萬花谷》作「已」。

端溪里人岑班於此遇一寶珠，徑寸，夜光照灼，猶如白日。（《輿地紀勝》卷一百零一。）

香林

盆元縣利山，上多香林。（《初學記》卷八、《錦繡萬花谷》後集卷六。）

綸木

威寧縣有穿州，其上多綸木，似穀皮，可以爲綿。（《初學記》卷八、《錦繡萬花谷》後集卷六。）

牛頭嶺

羅浮山〔一〕有石樓〔二〕，右〔三〕帶牛嶺山〔四〕，左〔五〕據龍尾〔六〕。（《初學記》卷八。又見《太平寰宇記》卷一百六十、《輿地紀勝》卷九十九、《海錄碎事》卷三上、《錦繡萬花谷》後集卷六。）

〔校記〕

〔一〕山，《太平寰宇記》、《輿地紀勝》無。

〔二〕有石樓，《太平寰宇記》、《輿地紀勝》、《海錄碎事》無。

〔三〕右，《太平寰宇記》、《輿地紀勝》、《海錄碎事》作「左」。

〔四〕牛嶺山，《海錄碎事》作「牛頭嶺」。

〔五〕左，《太平寰宇記》、《輿地紀勝》、《海錄碎事》作「右」。

〔六〕龍尾，《太平寰宇記》、《海錄碎事》作「龍尾山」，《輿地紀勝》作「尾山」。

羅浮山有聳石如樓，謂之石樓。（《輿地紀勝》卷九十九。）

璅蛣

璅蛣，長寸餘〔一〕，大者長二三寸，腹中有蟹子，如榆莢，合體共生，俱爲蛣取食。（《文選・賦己・江海・江賦》李善注。又見《古今韻會舉要》卷二十六。按，此條《南越志》，各書均不言作者，《文選》注所引此條下并有「水母」條，亦不言作者，二者當出一書。《太平廣記》言「水母」條出沈懷遠《南越志》，此條亦應爲沈懷遠《南越志》。）

〔校記〕

〔一〕此句，《古今韻會舉要》無。

蟹子合體共生，俱爲蛣取食，似是二蟹。（《爾雅翼》卷三十一。）

蛣，長寸餘，〔一〕腹中有蟹子，如榆莢，合體共生。（《六書故》卷二十。又見《（延佑）四明志》卷一。）

〔校記〕

〔一〕此句，《（延佑）四明志》無。

父子鯖

漢有五侯鯖〔一〕，君臣鯖，父子鯖。結盟人致，〔二〕共爲之殽。（《記纂淵海》卷八十三。又見《韻府群玉》卷七。）

〔校記〕

〔一〕五侯鯖，《韻府群玉》無。

〔二〕此句，《韻府群玉》無。

五色羊

在尉他之時有五色羊，以爲瑞，因圖之於府廳矣。（《白氏六帖事類集》卷二十九。）

石門之水

石門之水，〔一〕俗云：「經大庾則清穢之氣分，飲石門則緇素之質變。」即〔二〕吳隱之酌飲之所也。〔三〕（《太平寰宇記》卷一百五十七。又見《太平御覽》卷一百七十二、《輿地紀勝》卷八十九。此條，《太平御覽》等書均不言作者，《説郛》言出沈懷遠《南越志》。）

〔校記〕

〔一〕《太平御覽》此處有「舊曰貪泉」句。

〔二〕即，《輿地紀勝》作「則」。

〔三〕此句，《太平御覽》無。

比目魚

比目魚，謂之板魚。（《北戶錄》卷一。）

宋元君

宋元君夢衣大夫，神之龜也。（《施注蘇詩》卷二十七。）

箵洲

東海中箵洲，洲上故箵無極，連船取之不盡。世中好失箵，言：天下箵悉歸於此。乃驚耳之說也。（《北戶錄》卷三。此條，《北戶錄》言爲「沈懷遠云」，不著篇名，當即沈懷遠《南越志》。）

狗竹

狗竹，生臨海山中，節間有毛。（《竹譜》。此條，《竹譜》言出沈《志》，或即沈懷遠《南越志》。）

菡筐竹

大如腳趾，堅厚修直，腹中白幕蘭隔，狀如濕麵生衣，將成竹，而筍皮未落，輒有細蟲嚙之。隕籜之後，蟲嚙處往往成赤文，頗似繡畫可愛。南康所生。（《竹譜》。此條，《竹譜》亦言出沈《志》，或即沈懷遠《南越志》。）

存疑

九真山

馬援鑿通九眞山，又積石爲坻，以遏海波，由是不復過漲海。（《初學記》卷八、《說郛》宛委山堂本卷六十一。此條，《初學記》不言作者，《說郛》言出沈懷遠《南越志》。）

越王鳥

越王鳥，狀似鳶，口勾，末可受二升許，南人以爲酒器，珍於文螺，不踐地，不飲江湖，不唼百草，不下餌蟲魚，唯噉木葉，糞似薰陸香。南人遇之，既以爲香，又治雜瘡。（《說郛》宛委山堂本卷六十一。此條，《太平御覽》等皆言出竺法眞《登羅山疏》，唯《說郛》言出沈懷遠《南越志》。）

秦望山

南越之地，斗牛之分，揚州之末土也。南有大山，是爲秦望，又有石匱，峻起壁立，內有金簡玉字，夏禹得之，以知百川之理也。（《説郛》宛委山堂本卷六十一。此條，元前書未見徵引作《南越志》者，唯《説郛》輯得此條，言出沈懷遠《南越志》。）

石魚山

衡陽湘鄉縣有石魚山，下多玄石，石色黑而理若雲母，發開一重，輒有魚形，鱗鰭首尾宛若刻畫，長數寸，魚形備足，燒之，作魚膏腥，因以名之。（《説郛》宛委山堂本卷六十一。此條，《酉陽雜俎》存，《北户錄》言出庚穆之《湘州記》。《説郛》言出沈懷遠《南越志》。）

《南越志》 佚名

除沈懷遠《南越志》外，諸書徵引《南越志》亦有不著作者者數條，姑單列一種。

石蓴

石蓴，似紫荣，色青。（《齊民要術》卷六、《太平御覽》卷九百八十。）

合成樹

博羅縣有合成樹，樹去地二丈，爲三衢：東向一衢，爲木威；南向一衢，爲橄欖；西向一衢，爲玉文。（《北户錄》卷三。）

博羅縣有合成樹，十圍。去地二丈，分爲三衢：東向一衢，木葉似練，子如橄欖而硬；削去皮，南人以爲糝。南向一衢，橄欖。西向一衢，三丈。——三丈樹，嶺北之猴也。〔一〕（《齊民要術》卷十。又見《太平御覽》卷九百七十二。）

〔校記〕

〔一〕「西向一衢」數句，《太平御覽》作「西向一衢，橄欖。」

鹿角

猴葵，色赤，生石上，南越謂之「鹿角」。（《齊民要術》卷十、《太平御覽》卷九百八十。）

龍鍾竹

羅浮山生竹，皆七八寸〔一〕圍；節長一二丈〔二〕。謂之「龍鍾竹」〔三〕。（《齊民要術》卷十。又見《竹譜》卷六、《太平御覽》卷九百六十二、《事類賦注》卷二十四。）

〔校記〕

〔一〕寸，《太平御覽》、《事類賦注》無。

〔二〕丈，《太平御覽》、《事類賦注》作「尺」。

〔三〕龍鍾竹，《太平御覽》、《事類賦注》作「鍾龍」。

羅浮山

增城縣東有羅浮山，浮水出焉，是爲浮山，與羅山並體，故曰羅浮。非羽化，莫有登其極者。嶮尖之峰四百四十有二，因歸於羅山，上則三峰爭竦，各五六千仞，其穴溟然，莫測其極。北通句曲之山，即《茅君內傳》云：『第七洞名朱明耀眞之天』。璿房瑤室七十有二，岷崿穹窿，自然雲搆。第三十一嶺半是巨竹，皆七八圍，節長二丈，謂之龍鍾竹，鳳凰食其實。沙門釋智玄遊此山，得邛竹以爲杖。泉源之府，九百八十有三。飛泉引鏡，懸波委源，窮幽極響，百籟虛鳴。（《太平寰宇記》卷一百六十。）

羅浮山高三千六百丈，周廻三百二十七里，苟非羽化莫能登焉。因堯時洪水汎溢，浮海而來，倚於羅山，合而爲一，故以爲名。（《輿地紀勝》卷九十九。）

（羅浮山）此山本名蓬萊山，一峰在海中，與羅山合，因名焉。山有洞通句曲，又有璿房瑤室七十二所。（《太平御覽》卷四十一。）

博羅縣，去浮山，接境於羅山，故曰博羅。東接龍川，南接西平，西接增城縣界。（《太平寰宇記》卷一百六十。）

（羅浮山）本只羅山，因〔一〕海上有山浮來相合，故曰〔二〕羅浮〔三〕。（《輿地紀勝》卷九十九。又見《嶺表錄異》卷中、《海錄碎事》卷三上、《箋注評點李長吉歌詩》卷二、《太平廣記》卷四百一十二。）

〔校記〕

〔一〕因，《嶺表錄異》作「忽」。

〔二〕故曰，《嶺表錄異》、《太平廣記》作「是謂」。

〔三〕羅浮，《嶺表錄異》、《海錄碎事》、《太平廣記》作「羅浮山」。

潛牛

潛牛，形角似水牛，一名沉牛也。〔一〕（《文選·賦丁·田獵中·上林賦》李善注。又見《文選·賦甲·京都上·西京賦》李善注。）

〔校記〕

〔一〕此句，《文選·西京賦》李善注無。

銅澗

脊石縣有銅澗，泉源沸涌，謂之毒水，飛禽走獸經之者殞。（《文選·詩戊·樂府下·苦熱行》李善注。）

廬陵井

廬陵〔一〕城中有井，半青〔二〕半黃。黃者甜滑，宜作粥，色如金，似灰汁，甚芬馨。（《初學記》卷二十六。又見《太平御覽》卷八百五十九。）

〔校記〕

〔一〕廬陵，《太平御覽》作「陵廬」。

〔二〕青，《太平御覽》作「清」。

烏賊魚

烏賊魚〔一〕，一名河伯度事小史〔二〕。常自浮水上〔三〕，烏見以爲死，便往〔四〕啄之，乃卷取烏，故謂之「烏賊」〔五〕。今疋烏化之〔六〕。（《初學記》卷三十「魚」第十。又見《初學記》卷三十「鳥」第五、《藝文類聚》卷九十二、《藝文類聚》卷九十七、《太平御覽》卷九百二十、《太平御覽》卷九百三十八。）

〔校記〕

〔一〕烏賊魚，《藝文類聚》卷九十七、《太平御覽》卷九百三十八作「古之諸生」。

〔二〕此句，《初學記》卷三十「鳥」第五、《藝文類聚》卷九十二、《藝文類聚》卷九十七、《太平御覽》卷九百二十、《太平御覽》卷九百三十八無。

〔三〕上，《太平御覽》卷九百三十八無。

〔四〕往，《初學記》卷三十「鳥」第五、《太平御覽》卷九百二十無。

〔五〕謂之「烏賊」，《初學記》卷三十「鳥」第五、《太平御覽》卷九百二十作「謂『烏賊魚』」，《太平御覽》卷九百三十八作「謂『烏賊』」。

〔六〕此句，《初學記》卷三十「鳥」第五作「今匹烏化爲之」，《藝文類聚》卷九十二作「今雅烏化爲之」，《太平御覽》卷九百二十作「今匹烏化爲之魚」，《太平御覽》卷九百三十八作「今烏化爲魚」。

烏賊魚〔一〕，常自浮水上，烏見以爲死，便往啄之，乃卷取烏，故謂之「烏賊」，腹中血及膽正黑，可〔二〕以書，世謂「烏賊」。（《事文類聚》後集卷三十四。又見《古今合璧事類備要》別集卷八十六。）

〔校記〕

〔一〕魚，《古今合璧事類備要》無。

〔二〕可，《古今合璧事類備要》作「中」。

烏賊魚〔一〕有矴，遇風浪〔二〕便虬前一〔三〕須下矴而住。腹中血及膽正黑〔四〕，中以書也，世謂「烏賊懷墨而知禮」。故俗云〔五〕：「是海若〔六〕白事小吏〔七〕。」〔八〕（《太平御覽》卷九百三十八。又見《藝文類聚》卷九十七、《（寶慶）四明志》卷四。）

〔校記〕

〔一〕魚，《（寶慶）四明志》無。

〔二〕浪，《（寶慶）四明志》無。

〔三〕一，《（寶慶）四明志》無。

〔四〕正黑，《（寶慶）四明志》作「正如墨」。

〔五〕云，《藝文類聚》作「曰」，《（寶慶）四明志》作「謂」。

〔六〕若，《藝文類聚》作「君」。

〔七〕吏，《藝文類聚》作「史」。

〔八〕《（寶慶）四明志》此句後有「又有最小者，俗呼墨斗」句。

烏鰂懷墨而知禮，江東人或取其墨書契，以給人財〔一〕物，書迹如淡墨，逾年自消〔二〕，唯〔三〕空紙爾。（《埤雅》卷二。又見《續博物志》卷二。）

〔校記〕

〔一〕財，《續博物志》無。

〔二〕自消，《續博物志》作「墨消」。

〔三〕唯，《續博物志》無。

烏賊懷墨而知禮，其腸名�融鰊。〔一〕（《（嘉泰）會稽志》卷十七。又見《海錄碎事》卷二十二上。）

〔校記〕

〔一〕此句，《海錄碎事》無。

鱣

鱣，鱯屬也。長鼻軟骨，長數丈而骨可啖，似黃鮋而長。（《初學記》卷三十。）

鰪魚

鰪魚，南越謂爲瑰雷魚，長一丈。子朝出食，暮還母腹，常從臍中入，口中出。腹內有兩洞，腹貯水以養子，腹容二子，兩腹則四子也。其鰓鱗皮有珠文，可以飾刀劍口。（《太平御覽》卷九百三十八。）

暮從臍入，且從口出，腹裏兩洞，腸貯水以養子，腸容二子，兩則四焉。（《水經注》卷三十七。）

鷓鴣

鷓鴣雖東西〔一〕回翔，然開翅之始，必先南翥〔二〕，亦胡馬嘶北之義也。〔三〕其鳴自呼「社薄州」。〔四〕（《太平御覽》卷九百二十四。又見《事文類聚》後集卷四十五、《埤雅》卷七、《詳注昌黎先生文集》卷三。）

〔校記〕
〔一〕西，《事文類聚》作「南」。
〔二〕翥，《事文類聚》無。
〔三〕此句，《事文類聚》無。
〔四〕此句，《事文類聚》、《埤雅》、《詳注昌黎先生文集》無。

鷓鴣，陽鳥也，〔一〕雖復〔二〕東西迴翔，然而命翮之始〔三〕，必先南翥，其鳴自號「杜〔四〕薄州」。（《北户錄》卷一。又見《嶺表錄異》卷中、《太平廣記》卷四百六十一。）

〔校記〕
〔一〕此句，《嶺表錄異》、《太平廣記》無。
〔二〕復，《嶺表錄異》、《太平廣記》無。
〔三〕然而命翮之始，《嶺表錄異》、《太平廣記》作「開翅之始」。
〔四〕杜，《太平廣記》作「社」。

鷓鴣肉白而脆，味勝雞雉。（《施注蘇詩》卷三十六。）

蚊母扇

古度樹一呼「那子」，南人號曰「柂」，不華而實，實從木皮中出，如綴珠璫，其實大如櫻桃，黃即可食，過則實中化爲飛蛾穿子飛出。（《北户錄》卷二。）

蜈蚣

蜈蚣，大者其皮可以鞔〔一〕鼓，取其〔二〕肉曝爲脯，美於牛肉。又云：

長數丈，能啖〔三〕牛，里人或〔四〕遇之，則鳴鼓燃〔五〕火〔六〕炬，以驅〔七〕
逐之。（《嶺表錄異》卷中。又見《爾雅翼》卷二十七。）

〔校記〕
〔一〕鞔，《爾雅翼》作「冒」。
〔二〕取其，《爾雅翼》無。
〔三〕啖，《爾雅翼》作「噉」。
〔四〕或，《爾雅翼》無。
〔五〕燃，《爾雅翼》作「然」。
〔六〕火，《爾雅翼》無。
〔七〕驅，《爾雅翼》無。

開寧縣多吳公，大者皮可以鞔鼓。（《北戶錄》卷一。）

鬱林郡

漢武改爲鬱林郡，以桂林爲縣。（《桂林風土記》。）

桂林郡

桂林郡，本治陽溪，今移鬱江口，有銅鼓灘是也。（《太平寰宇記》卷一百
六十二。）

陽溪

平陽縣有陽溪，在縣西數百里，伏流通於岷山。（《太平寰宇記》卷一百六
十二。）

巨鑊

龍川縣營崗北有巨鑊，恒有懸泉注之，終歲不滿。嘗有採薪者欲推動之，
忽然震電，迷失路，十許日乃至家。（《太平御覽》卷七百五十七。）

箕帚

鮑靚爲南海太守，嘗夕飛往羅浮山，曉還。有小吏晨灑掃，忽見兩鵲飛
入小齋。吏帚擲之，墜於地，視，乃靚之履也。（《太平御覽》卷七百六十五。）

漆樹

綏寧白水山多漆樹，高十餘丈，刻漆常上樹端。雞鳴日出之始便刻之，
則有所得。過此時，陰氣淪，陽氣升，則無所獲也。凡刻漆，別有氏族以爲
業，膺前緣木處，胼胝如人脚也。（《太平御覽》卷七百六十六。）

木雞

木雞，金翅鳥口〔一〕，結〔二〕沫所成，碧色珠也。大秦土人珍之。〔三〕（《太平御覽》卷八百零九。又見《文選・詩戊・樂府上・美女篇》李善注、《緯略》卷八。）

〔校記〕

〔一〕口，《文選》注無。

〔二〕結，《文選》注無。

〔三〕此句，《文選》注、《緯略》無。

鋼珠

波羅基國出鋼珠，朗照幽夜。（《太平御覽》卷八百一十三。）

古終藤

桂州豐水縣有古終藤，俚人以爲布。（《太平御覽》卷八百二十。）

茗

茗苦澀，亦謂之過羅。（《太平御覽》卷八百六十七。）

皋蘆

龍川縣有皋蘆草〔一〕，葉似茗，味苦澀，〔二〕土人以爲飲〔三〕。今南海謂過羅，或曰拘羅。〔四〕（《太平御覽》卷九百九十八。又見《爾雅翼》卷十二。）

〔校記〕

〔一〕草，《爾雅翼》無。

〔二〕此句，《爾雅翼》無。

〔三〕土人以爲飲，《爾雅翼》作「南人煮爲飲」。

〔四〕此二句，《爾雅翼》作「一名瓜蘆。」

禦火樹

廣州有樹〔一〕，可以禦火，山北謂之愼火，或謂戒火。〔二〕多種屋上〔三〕，以防火也，但南中無霜雪，故成樹。〔四〕（《藝文類聚》卷八十一。又見《太平御覽》卷八百六十九、《太平御覽》卷九百六十、《太平御覽》卷九百九十八。）

〔校記〕

〔一〕樹，《太平御覽》卷八百六十九、卷九百六十、卷九百九十八皆作「大樹」。

〔二〕此句，《太平御覽》卷八百六十九、卷九百九十八無。

〔三〕多種屋上，《太平御覽》卷九百九十八作「或多種屋上」。

〔四〕此二句，《太平御覽》卷九百六十無，《太平御覽》卷八百六十九作「南無霜雪，故成樹」，《太平御覽》卷九百九十八作「但南方無霜雪，其花不凋，故生而成樹耳。」

水犀

平定縣〔一〕巨海有〔二〕水犀〔三〕似牛〔四〕。其出入有光，水爲之開。（《初學記》卷八。又見《太平御覽》卷八百九十、《東坡先生物類相感志》卷九、《唐詩鼓吹》卷六。）

〔校記〕

〔一〕平定，《太平御覽》作「高州平之縣」。

〔二〕有，《東坡先生物類相感志》作「中有」。

〔三〕水犀，《太平御覽》作「大犀」。

〔四〕似牛，《太平御覽》無。

鷄鶋

（增城）縣多鷄鶋，鷄鶋，山雞也。光采鮮明，五色炫耀，利距善鬭，世以家雞鬭之，則可擒也。（《水經注》卷三十七。）

曾城〔一〕縣多鷄鶋，〔二〕鷄鶋，山雞〔三〕也，利距善鬭，世以家雞鬭之〔四〕，則可擒〔五〕也。光色鮮明，五采炫耀。〔六〕（《藝文類聚》卷九十一。又見《太平御覽》卷九百一十五、《太平御覽》卷九百一十八、《爾雅翼》卷十三、《杜工部草堂詩箋》補遺卷三、《事文類聚》後集卷四十六。）

〔校記〕

〔一〕曾城，《杜工部草堂詩箋》作「增城」。

〔二〕此句，《爾雅翼》、《事文類聚》無。

〔三〕山雞，《爾雅翼》作「即山雞」。

〔四〕此句，《太平御覽》卷九百一十五無。世，《爾雅翼》、《杜工部草堂詩箋》作「人」；家雞，《杜工部草堂詩箋》作「眾雞」。

〔五〕則可擒，《太平御覽》卷九百一十八作「可禽」，《杜工部草堂詩箋》作「則可禽」，《太平御覽》卷九百一十五無此句。

〔六〕五采炫耀，《杜工部草堂詩箋》無。

杉雞

新夷縣鳥多杉雞。（《太平御覽》卷九百一十八。）

松鳧

化蒙縣祠山上有池，池中有松鳧，如今野鳧，棲息松間，故俗謂之松鳧。〔一〕（《藝文類聚》卷九十一。又見《太平御覽》卷九百一十九、《記纂淵海》卷九十七。）

〔校記〕

〔一〕此二句，《記纂淵海》無。

化蒙縣祠山上有湖，湖中有泉鵝，如今野鵝弄吭山泉，故號爲「泉鵝」。（《太平御覽》卷九百一十九。）

有松鳧，棲息松間。（《爾雅翼》卷十七。）

白雀

曾城縣〔一〕多白雀，大如鳩，〔二〕素質凝映。（《藝文類聚》卷九十二。又見《太平御覽》卷九百二十二、《記纂淵海》卷九十二。）

〔校記〕

〔一〕增城縣，《太平御覽》作「魯城縣」，《記纂淵海》作「雲母山」。

〔二〕此句，《記纂淵海》無。

孔雀

義甯縣杜山多孔雀〔一〕，爲鳥不必匹合〔二〕，止以音影相接，便有孕〔三〕。〔四〕（《太平御覽》卷九百二十四。又見《記纂淵海》卷九十七、《埤雅》卷七。）

〔校記〕

〔一〕此句，《埤雅》作「孔雀」。

〔二〕此句，《埤雅》作「不必匹合」，《記纂淵海》無此句。

〔三〕便有孕，《埤雅》作「便孕」。

〔四〕《埤雅》此後有「亦與蛇偶」句。

鸐童鳥

鷗〔一〕，一名越王鳥。（《北戶錄》卷一。又見《太平御覽》卷九百二十八。）

〔校記〕

〔一〕鷗，《太平御覽》作「鸐童」。

朱鼈

宋康郡化隆縣海高〔一〕多珠鼈，狀如肺，有四眼六脚，而吐珠。又有文魿及鹿魚，文魿魚，鳥頭魚尾，鳴如磬而生玉。（《太平寰宇記》卷一百六十一。又見《輿地紀勝》卷一百一十七。）

〔校記〕

〔一〕高，《輿地紀勝》無。

海中多朱鼈，狀如肺〔一〕，有四〔二〕眼六脚，而吐珠〔三〕。〔四〕（《初學記》

卷八。又見《太平御覽》卷九百三十二、《海錄碎事》卷十五、《錦繡萬花谷》後集卷
六。）

〔校記〕

〔一〕肺，《海錄碎事》作「肺」。

〔二〕四，《太平御覽》無。

〔三〕吐珠，《太平御覽》作「常吐珠」。

〔四〕《太平御覽》此句後有「見則天下大旱」句。

珠鱉吐珠。（《文選・賦己・江海・江賦》李善注。）

鱪魚

鱪魚，鼻有橫骨如轑〔一〕。海中波浪爲之湧，〔二〕海船逢之必斷。（《太平
御覽》卷九百三十八。又見《集韻》卷二、《類篇》卷三十三。）

〔校記〕

〔一〕轑，《集韻》、《類篇》作「鐪」。

〔二〕此句，《集韻》、《類篇》無。

天牛魚

天牛魚，方員〔一〕三丈，眼大如斗〔二〕，〔三〕口在脅中〔四〕，露齒無唇，
兩肉角如臂，兩翼長六尺，尾長五尺。（《初學記》卷三十。又見《太平御覽》卷
九百三十九、《太平廣記》卷四百六十五。此條，各書均言出《南越記》，應即《南越
志》也。）

〔校記〕

〔一〕員，《太平御覽》作「圓」。

〔二〕斗，《太平御覽》作「升」。

〔三〕《太平御覽》此處有「在脾頭」句。

〔四〕中，《太平廣記》作「下」。

饋尾魚

饋尾魚，有毒，一名鱉魚。（《太平御覽》卷九百四十。）

金石魚

金石魚，形圓，如七寸梓。（《太平御覽》卷九百四十。）

大貝

土產明珠，大貝，即紫貝也。（《太平御覽》卷九百四十一。）

蠣

蠣，蠔甲也。（《北戶錄》卷一。）

南土謂蠣爲蠔甲，爲牡蠣。合澗州圓蠣，土人重之，語曰：「得合澗一蠣〔一〕，雖不足豪，亦可以高也。」（《太平御覽》卷九百四十二。又見《記纂淵海》卷九十九。）

〔校記〕

〔一〕合澗一蠣，《記纂淵海》作「得合澗一蠔」。

鱟

漲海口有鱟，每過海，輒相積於背，高尺餘，如帆乘風而遊。（《太平御覽》卷九百四十三。）

疎麻

疎麻，大二圍，高數丈。四時結實，無衰落。騷人所謂「折疎麻兮瑤華」。（《太平御覽》卷九百六十一。）

盧頭木

南海江岸間有盧頭木，葉如甘蔗，織以爲帆。以其疎暢懷風，故帆不以布。（《太平御覽》卷九百六十一。）

楊梅

熙安縣多楊梅。（《藝文類聚》卷八十七。）

安章縣白蜀里多楊梅，求之白蜀，去章遠矣。（《北戶錄》卷三。）

熙安縣白蜀里多楊梅，張公以爲名章則多楊梅。此偶以所聞而命書，後好事改地就之耳。求之白蜀，去之遠矣。（《太平御覽》卷九百七十二。）

沙棠

甯鄉，果多沙棠。（《太平御覽》卷九百七十二。）

三廉

三廉出熙安郡雲母山。（《太平御覽》卷九百七十四。）

零陵

苓〔一〕陵香，土人謂爲鷓草芸香。（《法苑珠林》卷三十六。又見《太平御覽》卷九百八十二。）

零陵香，一名燕草，又名薰草，生零陵山谷，葉如羅勒。（《陳氏香譜》卷一、《香譜》卷上。）

蜜香樹

交州有蜜香樹。欲取，先斷其根，經年後，外皮朽爛，木心與節堅黑沉水者爲沉香；與水面平爲雞骨；最粗者爲棧香。（《太平御覽》卷九百八十二。）

交州有香不欲取，先斫，待終年皮爛，取木心及節，堅黑沉水者爲沉香，浮水者爲雞骨，一名半水；粗者爲毛香。（《安南志略》卷十五。）

香木

香木出日南也。（《北戶錄》卷三。）

利山

此山多沉香木。（《太平寰宇記》卷一百六十三、《輿地紀勝》卷九十七。）

卷施

寧鄉縣〔一〕草多卷施，拔心不死，〔二〕江淮間謂之「宿莽」。（《藝文類聚》卷八十一。又見《太平御覽》卷九百九十八、《爾雅翼》卷二。）

觀亭江神

秦時，有中宿縣千里水觀亭江神祠壇。經過有不恪者，必狂走入山，變爲虎。中宿縣民至洛，及路，見一行旅，寄其書曰：「吾家在觀亭廟前，石間懸藤即是也。但扣藤，自有應者。」乃歸如言，果有二人從水中出，取書而淪。尋還云：「江伯欲見君。」此人不覺隨去。便睹屋宇精麗，飲食鮮香，言語接對，無異世間也。（《太平廣記》卷二百九十一。）

山薯

熙穆縣里多山薯。《本草》云：「南山之陰曰署預，消熱下氣，補五臟。」（《太平廣記》卷四百一十四。）

交趾之地

交趾之地，最爲膏腴，有君長曰雄王，其佐曰雄侯，其地爲雄田。後蜀王子將兵討取之，因爲安陽王，治交趾。尉佗興軍攻之，安陽王有神人曰皋通佐之，造弩一張，一放殺越軍萬人，三放殺三萬人。佗知其故，便却壘息卒，還戍武寧，乃遣其次子始爲質，請通好焉。後安陽王遇皋通，不厚，皋通去之，安陽王之女曰媚珠，見始丰姿閒美，遂私焉。始後誘媚珠求看神弓，請觀其妙，媚珠示之。因毀其機，即馳使報佗，佗復興師襲之，軍至，安陽王又如初放弩，弩散，眾皆奔散，遂破之。安陽王御生文犀入水走，水爲之開。（《太平寰宇記》卷一百七十（一引）。）

交趾之地，最爲膏腴。舊有君長曰雄王，其佐曰雄侯，以其田曰熊田。後蜀王之子將兵三萬討雄王，滅之。蜀以其子爲安陽王，治交趾。其國城在今平道縣東。其城九重，周九里，士庶蕃阜。尉佗在番禺，遣兵攻之。王有神弩，一發殺越軍萬人，佗乃與之和，仍以子始爲質。安陽王以女媚珠妻之，子始將神弩毀之。越兵至，乃殺安陽王，兼其地。（《太平寰宇記》卷一百七十（二引）。）

交趾之地，頗爲膏腴，從民居之，始知播植。厥土惟黑壤，厥氣惟雄，故今稱其田爲雄田，其民爲雄民。有君長，亦曰雄王；有輔佐焉，亦曰雄侯。分其地以爲雄將。（《太平廣記》卷四百八十二。）

南越民不恥寇盜，其時尉陀治番禺，乃興兵攻之，有神人適下，輔佐之，家爲造弩一張，一放，殺越軍萬人；三放，三萬人。陀知其故，却壘息卒，還戍武寧縣下，乃遣其子始爲質，請通好焉。（《太平廣記》卷四百八十二。）

鶱龜

初寧縣里多鶱龜，殼薄狹而燥，頭似鵝，不與常龜同，而能齧犬也。（《太平廣記》卷四百六十五。）

韶子

初寧縣里有石榆子，一名山棗，又時呼爲韶子也。（《太平廣記》卷四百一十。）

寧浦

寧浦，地名金城。（《太平寰宇記》卷一百六十六、《輿地紀勝》卷一百十三。）

流人營

招義縣，昔流人營也。(《太平寰宇記》卷一百六十七、《太平御覽》卷一百七十二。)

義安郡有義昭縣，昔流人營也。(義熙元年立爲縣，永初元年移上郡之西。)(《太平寰宇記》一百五十八、《輿地紀勝》卷一百。)

州門鼓

順帝永和二年，周敞爲交州刺史，採龍山之木爲州門鼓，下分一鼓給桂林郡，上分一鼓給交趾郡。雖根幹異器，杪末同歸，故擊一鼓，則二鼓皆鳴，所謂叩宮而商應。(《太平寰宇記》卷一百七十。)

馬援

馬援昔鑄銅爲船以濟海，今在交趾程安縣，諸天清水澄，往往見之。(《北堂書鈔》卷一百三十七。)

馬援昔鑄銅船於此以濟海，既歸，以付程安令沈于渚。天晴水澄，往往見船書樓上但有四五寸水，不知其幾十丈。(《太平寰宇記》卷一百七十。)

颶風

熙安間〔一〕多颶風。颶風〔二〕者，具四方之風也，常以五月、六月興〔三〕，未至時，雞犬不鳴〔四〕。(《海錄碎事》卷一。又見《歲時廣記》卷二、《輿地紀勝》卷一百二十四、《事文類聚》前集卷三、《(寶慶)四明志》卷一、《唐詩鼓吹》卷一。)

〔校記〕

〔一〕熙安間，《輿地紀勝》作「無安間」，《(寶慶)四明志》作「瀕海」。

〔二〕風，《輿地紀勝》、《事文類聚》、《(寶慶)四明志》、《唐詩鼓吹》無。

〔三〕興，《歲時廣記》、《輿地紀勝》、《事文類聚》、《(寶慶)四明志》、《唐詩鼓吹》作「發」。

〔四〕不鳴，《歲時廣記》、《輿地紀勝》、《(寶慶)四明志》作「爲之不鳴」，《事文類聚》作「爲之不寧」，《唐詩鼓吹》作「先爲之不寧」。

熙安間多颶風，颶者，具四方之風也。〔一〕一曰懼風，言怖懼也。常以六、七月興，未至時，三日雞犬爲之不鳴。大者或至七日，小者一、二日，外國以爲黑風。〔二〕(《太平御覽》卷九。又見《北堂書鈔》卷一百五十一、《事類賦注》卷二。)

〔校記〕

〔一〕《北堂書鈔》僅存此三句。

〔二〕此三句，《事類賦注》無。

風起則〔一〕人心恐懼。或云風來則四面具足。〔二〕（《太平御覽》卷二十二。又見《詳注昌黎先生文集》卷六。）

〔校記〕

〔一〕則，《詳注昌黎先生文集》作「令」。

〔二〕此二句，《詳注昌黎先生文集》無。

颶

嶺嶠夏秋雄風曰颶，發自午至夜，乃止僕屋僵樹，累年一發，或歲再三。（《古今合璧事類備要》前集卷二。）

南越王墓

尉佗葬於此。（《新定九域志》卷九。）

暘夷、勃盧

暘夷之甲，以錫箔飾之，雜以丹漆，照輝〔一〕昱〔二〕晃，左思所謂「暘夷勃盧」。（《太平寰宇記》卷一百六十四。又見《輿地紀勝》卷一百零八、《方輿勝覽》卷四十。）

〔校記〕

〔一〕輝，《輿地紀勝》、《方輿勝覽》作「耀」。

〔二〕昱，《方輿勝覽》作「晃」。

連山

綏安縣北有連山，昔越王建德伐木爲船，其大千石，以童男女三千〔一〕人牽之。既而人船〔二〕俱墜於潭。時〔三〕聞附船〔四〕有唱喚督進〔五〕之聲，往往有青牛馳廻與船俱，蓋神靈之至。〔六〕（《初學記》卷八。又見《輿地紀勝》卷一百、《唐詩鼓吹》卷四。）

〔校記〕

〔一〕千，《輿地紀勝》作「百」。

〔二〕人船，《輿地紀勝》作「船」，《唐詩鼓吹》無。

〔三〕時，《唐詩鼓吹》作「時時」。

〔四〕附船，《輿地紀勝》作「得船者」。

〔五〕唱喚督進，《唐詩鼓吹》作「唱督」。

〔六〕此二句，《輿地紀勝》作「來往有青牛弛廻船側。」《唐詩鼓吹》作「更有青牛與船俱見，神靈之至。」

綏安縣

在郡之東千里，海道也，東接泉州，晉安縣界北連山數千，日月蔽藏，昔建德伐木以爲舟船之處。（《輿地紀勝》卷一百。）

江豚

江豚似豬，居水中，出則有風。〔一〕（《唐音》卷五。又見《文選・賦己・江海・江賦》李善注、《詳注昌黎先生文集》卷二。）

〔校記〕

〔一〕此二句，《文選》注、《詳注昌黎先生文集》無。

蜛蝫

蜛蝫，一頭，尾有數條，長二三尺，左右有脚，狀如蠶，可食。（《文選・賦己・江海・江賦》李善注、《韻府群玉》卷二。）

石砝

石砝，形如龜脚，得春雨則生花〔一〕，花似草華。〔一〕（《文選・賦己・江海・江賦》李善注。又見《海錄碎事》卷二十二上、《古今韻會舉要》卷三十。）

〔校記〕

〔一〕花，《海錄碎事》作「華」。

〔二〕此句，《古今韻會舉要》無，《海錄碎事》作「似草華」。

石劫生石上，形如龜殼，得春雨則生花〔一〕，蓋以斯春雨漬於此石，相感而生。〔二〕（《東坡先生物類相感志》卷十六。又見《重修廣韻》卷五。）

〔校記〕

〔一〕花，《重修廣韻》無。

〔二〕此二句，《重修廣韻》無。

蠣

蠣，形如馬蹄。（《文選・賦己・江海・江賦》李善注、《海錄碎事》卷二十二上。）

西鞏縣

西鞏縣東暨於海，其中多水兕，形似牛。（《文選・賦己・江海・江賦》李善注。）

平定縣

平定縣界東有巨海，鳴波浩蕩，出騂馬，似馬而牛尾，一角。水犀，似牛。魚，似龍，一曰龍鯉。（《太平寰宇記》卷一百六十一、《輿地紀勝》卷一百一十七。）

平定縣東巨海有騂馬。似馬，牛尾，一角。（《初學記》卷八、《錦繡萬花谷》後集卷六。）

高州出騂馬，牛尾，而首有一角。（《箋注評點李長吉歌詩》卷二。）

王喬山

長沙郡瀏陽縣東有王喬山，山有合丹竈。（《文選·賦辛·哀傷·別賦》李善注。）

江鷗

江鷗，一名海鷗，在漲海中，〔一〕隨潮上下。常以三月風至，乃還洲嶼。生卵似雞卵，色青。〔二〕頗知風雲，若群飛至岸，〔三〕必風，〔四〕漁人及渡海者，皆以此爲候。〔五〕（《太平御覽》卷九百二十五。又見《藝文類聚》卷九十二、《事文類聚》後集卷四十六、《（嘉定）剡錄》卷十、《爾雅翼》卷十七、《群書通要》庚集卷七。）

〔校記〕

〔一〕此三句，《（嘉定）剡錄》作「鷗在水中」，《爾雅翼》作「鳧在潮海中」。

〔二〕此二句，《藝文類聚》、《事文類聚》、《（嘉定）剡錄》、《爾雅翼》、《群書通要》皆無。

〔三〕此句，《（嘉定）剡錄》無。

〔四〕此句，《藝文類聚》、《（嘉定）剡錄》、《爾雅翼》無。

〔五〕此二句，《事文類聚》、《群書通要》無，《藝文類聚》、《爾雅翼》作「渡海者以此爲候」，《（嘉定）剡錄》作「渡海以此爲候」。

漲海中有鷗〔一〕，隨潮上下。（《白孔六帖》卷九十五。又見《海錄碎事》卷二十二上。）

〔校記〕

〔一〕鷗，《海錄碎事》作「鷗鳥」。

江鷗，一名海鷗。漲海中隨潮上下。〔一〕（《文選·詩乙·遊覽·於南山往北山經湖中瞻眺》李善注。又見《一切經音義》卷九十九。）

〔校記〕

〔一〕此句，《一切經音義》無。

鷗

鷗，常以二月風生，乃還州嶼。（《杜工部草堂詩箋》補遺卷六。）

鷗，臆白翅青，能隨潮上下。（《（嘉定）赤城志》卷三十六。）

鷺

鷺，足修而羽白，隨潮上下。（《（嘉定）赤城志》卷三十六。）

信鷗

鷗之別類，雙鳴喈喈，隨潮往來，謂之信鷗。（《記纂淵海》卷九十七。）

熱水

興寧縣有熱水山焉，其下有焦石，歊蒸之熱，恒數四丈。（《文選・詩戊・樂府下・苦熱行》李善注。）

容雞

高興縣多容〔一〕雞，其形如雞而五采〔二〕，至則年穰。（《北堂書鈔》卷一百五十六。又見《太平御覽》卷三十五。）

〔校記〕

〔一〕容，《太平御覽》作「客」。

〔二〕采，《太平御覽》作「彩」。

高興縣多容雞，如家雞，五彩，至則年穰。（《太平御覽》卷九百一十八。）

昌蒲澗

熙安縣東北有昌蒲澗。咸安中，姚成甫嘗澗側遇一丈夫，曰：「此昌蒲安期先生所餌，可以忘老。」（《初學記》卷八。）

（菖蒲澗）昔交州刺史陸允之所開也。至今重之，每旦輒傾州連汲，以充日用，雖有井泉，不足食。太元中，襄陽羅支累石澗側，容百許人坐，遊之者以爲洗心之域。咸平中，姚成甫嘗採菊澗側，遇一丈夫謂成甫曰：「此澗菖蒲，昔安期生所餌，可以忘老。」於是徊翔俯仰，倏然不知所終，蓋仙者。（《太平寰宇記》卷一百五十七。）

刺史襄陽羅文壘石澗，側容百許人，清流素石，幽邃閒虛。水源自滴水巖下分爲二派，一入於覺眞寺，一入於碧虛觀，前流盃也。水石天成，劉氏舊賞也。（《輿地紀勝》卷一百二十四。）

芝蘭湖

番禺北有芝蘭湖，並注西海。(《初學記》卷八、《錦繡萬花谷》後集卷六。)

番禺縣北有三湖：一曰沉夜，二曰蕈湖，三曰芝蘭。湖芝菁藹景，紅花亂目，素鱗紫介，此焉游泳。父老云沉夜湖者，本曾山連岫，以永嘉之末，一夕而沉，故曰沉夜。(《太平寰宇記》卷一百五十七。)

趙嫗

軍安縣女子趙嫗，嘗在山中，聚結群黨，攻掠郡縣。著金箱齒屐，恒居象頭鬥戰。(《初學記》卷八。)

文魾

海中有文魾，鳥頭尾〔一〕，鳴似磬而生玉。(《初學記》卷八。又見《海錄碎事》卷十五、《東坡先生物類相感志》卷十六。)

〔校記〕

〔一〕鳥頭尾，《海錄碎事》作「鳥」，《東坡先生物類相感志》作「鳥頭魚尾」。

石鼓山

其土有亂則鼓鳴，昔有〔一〕盧循來寇，隱然有聲，循即〔二〕敗。(《輿地紀勝》卷八十九。又見《方輿勝覽》卷三十四。)

〔校記〕

〔一〕有，《方輿勝覽》無。

〔二〕即，《方輿勝覽》無。

河南之洲

河南之洲狀如方壺，乃盧循舊居。(《南海百詠》。)

溫氏嫗

昔有溫氏嫗者，端溪人也，常居澗中捕魚〔一〕，以資日給。〔二〕忽於水側遇一卵，其〔三〕大如斗，乃將歸，置器中，經十許日〔四〕，有一物如守宮，長尺餘，穿卵而出，嫗因任其去留。稍長五尺，便能入水捕魚，日得十餘頭，再長二尺許，得魚漸多，常游波中，縈廻嫗側。〔五〕嫗後治魚，誤斷其尾，遂逡巡而去〔六〕。數年乃還，嫗見其輝光炳耀〔七〕，謂曰：「龍子，今復來也。」因得之蟠旋遊戲，親馴如初。〔八〕秦始皇聞之曰；「此龍子也，朕德之所致〔九〕。」詔使者以赤珪禮聘嫗〔十〕。嫗戀土，不以爲樂，〔十一〕至始安江，去端溪千餘

里，〔十二〕龍輒引船還，不踰夕至本所，〔十三〕如此數四，使者懼而止，〔十四〕卒不能召媼。媼殞，葬於江陰，龍子常爲大波至墓側，縈浪轉沙以成墳、土人謂之掘尾龍，南人爲船爲龍掘尾，即此也。〔十五〕（《太平寰宇記》卷一百六十四。又見《輿地紀勝》卷一百零一。）

〔校記〕

〔一〕此句，《輿地紀勝》作「常捕魚」。

〔二〕此句，《輿地紀勝》無。

〔三〕其，《輿地紀勝》無。

〔四〕十許日，《輿地紀勝》作「十餘日」。

〔五〕「媼因任其去留」數句，《輿地紀勝》作「能入水捕魚，常游波中，縈回媼側。」

〔六〕此句，《輿地紀勝》作「遂去」。

〔七〕此句，《輿地紀勝》作「媼」。

〔八〕此二句，《輿地紀勝》無。

〔九〕此句，《輿地紀勝》無。

〔十〕此句，《輿地紀勝》作「詔使者聘媼」。

〔十一〕此句，《輿地紀勝》無。

〔十二〕此句，《輿地紀勝》無。

〔十三〕此句，《輿地紀勝》無。

〔十四〕此句，《輿地紀勝》無。

〔十五〕此二句，《輿地紀勝》無。

昔有溫氏媼，端溪人，常捕魚，忽於水側得一物如守宮，能入水捕魚。媼後治魚，誤斷其尾，遂去，數年乃還。媼曰：「龍子復來也。」後媼殞，瘞於江濱，龍子常爲大波縈浪，轉沙以成墳土。（《方輿勝覽》卷三十五。）

西江水

漢武帝〔一〕自巴蜀橋〔二〕夜郎，兵下牂柯，江〔三〕會番禺，即此水。（《輿地紀勝》卷九十四。又見《太平寰宇記》卷一百六十四、《方輿勝覽》卷三十五。）

〔校記〕

〔一〕武帝，《太平寰宇記》作「元鼎六年」。

〔二〕橋，《太平寰宇記》作「征」。

〔三〕江，《太平寰宇記》無。

龍鍾

羅浮山生竹，謂之「龍鍾」。（《記纂淵海》卷九十六。）

蛤

凡蛤之屬，開口聞雷鳴，不復〔一〕閉口〔二〕。(《藝文類聚》卷九十七。又見《太平御覽》卷九百四十二、《記纂淵海》卷九十九。)

〔校記〕

〔一〕不復，《記纂淵海》作「則不復」。

〔二〕閉口，《太平御覽》、《記纂淵海》作「閉」。

趙佗城

朝臺下有趙佗故城。又云朝臺西三十里即圓〔一〕岡，傍〔二〕江構越華館以送陸賈，因稱朝臺〔三〕。(《太平寰宇記》卷一百五十七。又見《太平御覽》卷一百七十二。)

〔校記〕

〔一〕圓，《太平御覽》無。

〔二〕傍，《太平御覽》作「旁」。

〔三〕臺，《太平御覽》作「亭」。

朝漢臺

昔尉佗自稱南越王，漢遣陸賈勞問，因說以歸漢，佗留賈數月，爲臺以飲，後遇正朔於北，北向而朝，因以名之。(《輿地紀勝》卷八十九。)

參里

寶安縣東有參里，縣人黃舒者以孝〔一〕聞於越，華戎慕之，如曾參之爲，故改其里曰參里。(《太平寰宇記》卷一百五十七。又見《輿地紀勝》卷八十九。)

〔校記〕

〔一〕孝，《輿地紀勝》作「學」。

金山

金沙自是出，採金人往往見金人形於山巓，望氣者以爲金之精。(《太平寰宇記》卷一百五十七。)

丹城縣有釜塘，金沙自是而出。(《太平御覽》卷七十四。)

江南洲

江南洲，周廻九十里。東有荔枝洲，上有荔枝，冬夏不凋。北有雞籠岡，上多蠣䗉。(《太平寰宇記》卷一百五十七。)

焦核

荔枝洲有焦核，黃蠟者爲優。（《北戶錄》卷三。）

荔枝州

荔枝洲，其上多荔枝。（《新定九域志》卷九。）

越王井

天井岡下有越王井，深百餘尺，云是趙佗所鑿。諸井鹽鹵，惟此井甘泉，可以煮茶。昔有人誤墜酒杯於此井，遂流出石門。（《太平寰宇記》卷一百五十七。）

越井岡

天井在城西北三四里。（《南海百詠》。）

趙佗墓

趙佗之墓也。自雞籠以北至此山，連岡屬嶺。《志》云：趙佗之墓，黃武五年，孫權使交趾治中從事呂瑜訪鑿佗墓，自天井至於此山，功費彌多，卒不能得。掘嬰齊墓，即佗之子，得珠襦玉匣之具，金印三十六，一皇帝信璽，一皇帝行璽，餘文天子也。又得印三紐。銅劍三枚，並爛若龍文，其一刻曰純鈎，二曰干將，三曰莫邪，皆雜玉爲匣。（《太平寰宇記》卷一百五十七。）

孫權時聞趙陀墓多以異寶爲殉，乃發卒數千人尋掘其塚，役夫多死，竟不可得，次掘嬰齊墓，得玉璽、金印、銅劍之屬，而陀墓卒無知者。（《南海百詠》。）

靈廟

趙佗葬於此山，爲陵，其側立廟，號曰靈廟，漢加謚曰「昭襄王」。（《輿地紀勝》卷八十九。）

銅鼎溪

銅鼎溪，天清水澄，見其鼎鈜〔一〕。刺史劉道錫遇之，繫〔二〕其耳而牽之，耳脫而鼎潛入，引者悉懼，咸謂之靈也。（《太平寰宇記》卷一百五十七。又見《輿地紀勝》卷八十九。）

〔校記〕

〔一〕鈜，《輿地紀勝》作「銘」。

〔二〕繫，《輿地紀勝》作「擊」。

東莞縣水

水東〔一〕流入海，帆道二〔二〕日至東莞。(《太平寰宇記》卷一百五十七。又見《輿地紀勝》卷八十九。)

〔校記〕

〔一〕東，《輿地紀勝》無。

〔二〕二，《輿地紀勝》作「三」。

義安郡

義安郡，本屬南海郡，後隸東官郡，晉義熙八年割立其地，與晉安郡接境，吳興、餘杭鄰界是也。(《太平寰宇記》卷一百五十八。)

海陽縣

海陽縣南十二里，即大海。東至興寧縣水道八百里，至廣州南〔一〕二十五里。有湖龜靈甲之類。(《太平寰宇記》卷一百五十八。又見《輿地紀勝》卷一百。)

〔校記〕

〔一〕南，《輿地紀勝》作「界」。

巨石

甘東縣二里有巨石焉。(《太平寰宇記》卷一百五十八。)

零羊峽

(端州)郡東有零羊峽，一曰高要〔一〕峽。山高百尺，江廣一里，〔二〕華翠之樹，四時葱蒨。(《太平寰宇記》卷一百五十九。又見《輿地紀勝》卷九十六。)

〔校記〕

〔一〕要，《輿地紀勝》無。

〔二〕高百尺，江廣一里，《輿地紀勝》無。

騰豻

高要縣有騰豻、飛貙、山翠〔一〕。騰豻，沐猴之類也。頭正方，髮長尺餘，色類犬〔二〕，似人髮，常覆面，欲有所視，輒搖頭，兩手披開之。貙有肉翼如蝙蝠，狸頭鼠目，一曰鼯鼠，亦名江牙，且飛且產，子便隨母而飛，其鳴如人叫，嘗食火煙，至聚落則為災也。〔三〕(《太平寰宇記》卷一百五十九。又見《輿地紀勝》卷九十六。)

〔校記〕

〔一〕翠，《輿地紀勝》作「翬」。

〔二〕類犬，《輿地紀勝》作「大類」。

〔三〕「獨有肉翼如蝙蝠」數句，《輿地紀勝》無。

寅山

欣樂縣北有寅山，青松紫幹，四衢皆竦，其下多茯苓焉。（《太平寰宇記》卷一百六十、《輿地紀勝》卷九十九。）

龍穴山

河源縣北有龍穴山，聯巖亙地，累嶂分天。〔一〕常〔二〕有五色龍乘雲山入此穴。（《太平寰宇記》卷一百六十、《輿地紀勝》卷九十九。又見《文選·賦丙·京都下·吳都賦》李善注。）

〔校記〕

〔一〕此二句，《文選》注無。

〔二〕常，《文選》注作「舜時有」。

牛鼻山

始興去州二百里，東接番禹，南接永熙初亭，西接高要，北接始興中宿等縣。〔一〕界牛鼻之山〔二〕，去赤岸四十里。西有夫盧山，有湖，冬夏恒〔三〕盈，每至甲戌日，常聞歌管鞞鼓之音。（《太平寰宇記》卷一百六十「南雄州」。又見《太平寰宇記》卷一百六十「惠州」、《輿地紀勝》卷九十九。）

〔校記〕

〔一〕此數句，《太平寰宇記》卷一百六十「惠州」、《輿地紀勝》無。

〔二〕此句，《太平寰宇記》卷一百六十「惠州」、《輿地紀勝》作「牛鼻山」。

〔三〕恒，《太平寰宇記》卷一百六十「惠州」、《輿地紀勝》無。

夫盧山

（夫盧）山上有湖，冬夏常盈，每甲戌日，即間歌管鼙鼓之聲。（《輿地紀勝》卷九十三。）

茶山

湞陽縣北五里有茶山，山有熱泉，源自沸湧。卉服竄之，不沾王化，百姓荒居。昔有俚豎牧牛於野，一牛炊，隨而舐之，舉體白淨如洗屑也，旬日而殞，其牛竟爲人殺，而噉之者百許人，一日俱變而成獸，吼喚驚懼，各走

入山，初尙有衣裳，形未甚異，時知還家，後性狀稍改，遂不復歸，由是群黨相逐，連城爲患。今玃似猩猩而小於獸，或能化爲人形，隨復化爲獸，謂之玃，即此類也。（《太平寰宇記》卷一百六十一。）

桂山

此山鳥則翡翠、孔雀，獸則玄〔一〕猿、鼯鼠。（《太平寰宇記》卷一百六十三。又見《輿地紀勝》卷九十七。）

〔校記〕
〔一〕玄，《輿地紀勝》作「黑」。

三章溪

允吾縣南有三章溪，溪有三源也。（《太平寰宇記》卷一百六十三、《輿地紀勝》卷九十七。）

晉康郡

晉康郡，本屬蒼梧端溪縣，晉之咸康四年〔一〕分置，端溪縣古氓之營，去郡上水一〔二〕百里。（《太平寰宇記》卷一百六十四。又見《輿地紀勝》卷一百零一。）

〔校記〕
〔一〕此數字，《輿地紀勝》無。
〔二〕上水一，《輿地紀勝》無。

古茫石，大而極高。有樹冬榮，子曰豬肪，大如杯，其肉如肪，炙而食之，其味似豬肉而美甚焉。有夫阽縣，其俗柵居，實惟俚之氓落焉。民夷曰獮，夷名也。（《太平寰宇記》卷一百六十四。）

建陵縣

建陵縣在建水中，因爲名，有山，多鍾乳及石英，開煙採影，潤達風雨。（《太平寰宇記》卷一百六十四。）

孟陵縣山多鍾乳及石英。（《方輿勝覽》卷四十。）

俚、獠

新寧縣多俚、獠，善爲犀渠。左太沖所謂「戶有犀渠」。（《太平寰宇記》卷一百六十四、《輿地紀勝》卷一百〇八。）

陶侃碑

晉興縣泉源與寧建都興二郡分境，陶侃既開此郡，貢賦由是日盛，有陶侃碑。(《太平寰宇記》卷一百六十六。)

蝦頭杯

南海以蝦頭爲杯，鬚〔一〕長數尺，金銀鏤〔二〕，晉康〔三〕州刺史常以杯獻。簡文用以盛藥，未及飲，無故酒躍於外，時廬江太守曲安遠，頗解術數，即令筮之，安遠曰：「即〔四〕三旬，後庭將有喜慶者。」〔五〕(《藝文類聚》卷七十三。又見《太平御覽》卷七百五十九、《太平御覽》卷九百四十三。)

〔校記〕

〔一〕鬚，《太平御覽》卷七百五十九作「頭」。

〔二〕鏤，《太平御覽》卷七百五十九、《太平御覽》卷九百四十三作「鏤之」。

〔三〕康，《太平御覽》卷七百五十九作「廣」。

〔四〕即，《太平御覽》卷七百五十九作「却」。

〔五〕「晉康州刺史」數句，《太平御覽》卷九百四十三作「晉簡文以盛酒，未及飲，酒躍於外。筮之，曰：『三旬，當後庭有告變者。』果有生子，人面犬身。」

南海以鰕頭爲杯，鬚長數尺，以〔一〕金銀鏤之。(《白孔六帖》卷十三。又見《記纂淵海》卷九十九、《海錄碎事》卷六。)

〔校記〕

〔一〕以，《記纂淵海》無。

連山

綏南縣多連山、樫、松、杞、梓。(《藝文類聚》卷八十九。)

晨鵠

開寧縣多晨鵠。(《藝文類聚》卷九十。)

日南

宋元嘉中，南征林邑，〔一〕以〔二〕五月立表，望之，日在表北，影〔三〕居〔四〕表南，交州日影，覺〔五〕北三寸，林邑覺〔六〕九寸一分，所謂開北戶以向日也。〔七〕(《舊唐書·天文志》。又見《唐開元占經》卷五。)

〔校記〕

〔一〕此二句，《唐開元占經》作「南景在日之南」。

〔二〕以，《唐開元占經》無。

〔三〕影，《唐開元占經》作「景」，下同。

〔四〕居，《唐開元占經》作「在」。

〔五〕覺，《唐開元占經》作「較」。

〔六〕覺，《唐開元占經》無。

〔七〕此句，《唐開元占經》無。

日南，五月立表望之，日在表北，景居南。（《太平御覽》卷四、《玉海》卷五。）

肅連山

肅連山西十里有靈州山〔一〕焉，其山平原彌望〔二〕，四野極目〔三〕。郭景純云「南海之間有衣冠之氣」者，斯其地也。〔四〕（《太平御覽》卷一百七十二。又見《太平寰宇記》卷一百五十七、《輿地紀勝》卷八十九、《通鑑地理通釋》卷五、《方輿勝覽》卷三十四。）

〔校記〕

〔一〕靈州山，《太平寰宇記》、《輿地紀勝》、《通鑑地理通釋》、《方輿勝覽》作「靈洲」。

〔二〕彌望，《太平寰宇記》作「彌延」。

〔三〕四野極目，《太平寰宇記》、《輿地紀勝》作「曾野極目」，《通鑑地理通釋》、《方輿勝覽》無此句。

〔四〕此二句，《太平寰宇記》、《輿地紀勝》、《通鑑地理通釋》無。

靈州

肅連山西有靈州。（《新定九域志》卷九。）

五嶠

南越以五嶠為限，東曰大庾。（《施注蘇詩》卷三十三。）

龍州

郡東水道一千里，趙陀昔為龍州尉，所蒞於此。（《太平御覽》卷一百七十二。）

高涼

高涼，本合浦縣也。吳建安十六年，衡毅、錢博拒步騭於高安峽，毅投水死，博與其屬亡於高涼。呂岱為刺史，博既請降，制以博為高涼都尉，於是置郡焉。（《太平御覽》卷一百七十二。）

京觀

黨州隆仁縣有京觀，即古征黨洞殺俘虜處。(《太平御覽》卷一百七十二。)

龍編縣

龍編縣，州之始，有蛟龍編於津之間，因以爲瑞而名邑。(《太平御覽》卷一百七十二。)

頭髮

聞安縣出頭髮。(《太平御覽》卷七百一十五。)

開平縣出髮。(《重修廣韻》卷四。)

白鶴

青田有雙白鶴，年年生，伏子，長便去。(《事文類聚》後集卷四十二。)

氃鼠

氃鼠似常鼠而穴居，飲泉囓竹。(《白孔六帖》卷九十八。)

兩頭虵

歸化縣有兩頭虵，無毒，夷人餌之。(《北戶錄》卷一。)

貪泉

昔漢將田千秋徵南越，全軍覆沒之處。(《輿地紀勝》卷八十九。)

赤石崗

（赤石崗）其色若丹，占氣者謂其下有金，扶南國人欲以金鎰〔一〕市之。刺史韋明謂南州之鎮，弗許。(《輿地紀勝》卷八十九。又見《輿地紀勝》卷一百二十四。)

〔校記〕

〔一〕鎰，《輿地紀勝》卷一百二十四作「鎔」。

董正之墓

番禺縣有漢徵士董正之墓。(《輿地紀勝》卷八十九。)

碧落洞

昔有沈侍郎隱於此傍，有小洞號雲華洞，深不可窮。(《輿地紀勝》卷九十五。)

雲華堂

有沈侍郎隱於碧落小峒之雲華堂。（《輿地紀勝》卷九十五、《方輿勝覽》卷三十五。）

甘泉縣

甘泉縣山有二石室，有懸泉飛渚，金膏銀燭、靈芝玉髓之異，不可詳錄。金膏者，澤如膏；銀燭者，其光可燭。其石自然成樓臺柱棟，石床、石池、石田，制置皆如人巧。（《輿地紀勝》卷九十八。）

西衡澤

西衡澤，在潮陽縣。（《輿地紀勝》卷一百。）

海寧縣

（海寧縣）在郡之東六里，西接東官縣界龍首山、龍溪山，龍蛇水自此而出焉。（《輿地紀勝》卷一百。）

廣夷山

廣夷之山多小樹，矍立如拳。（《九家集注杜詩》卷二十。）

桃竹

桃竹出海南縣，沿海而生，掩映懸翠。（《補注杜詩》卷八。）

桃枝

桃枝，南人以爲笙。（《北戶錄》卷三。）

石鰕

建甯縣出石鰕也。（《北戶錄》卷一。）

蠘

有魚名蠘，色黃味美，夜即有光，一如照燭。（《北戶錄》卷一。）

比目魚

比目魚，不比不行，江東呼爲王餘。昔越王爲膾，剖而未切，墮落於水，化爲魚。（《初學記》卷三十。）

蚺蛇

蚺蛇牙有長五六寸者，土人重之，云辟邪，利遠行也。一云蚺蛇之膽，取而還生。又云巴蛇吞象，蚺蛇吞鹿。（《埤雅》卷十。）

水弩

水弩四月一日上弩射人影，至八月卸弩，此云弩在口，彼云弩在尾，差不同。（《爾雅翼》卷三十。）

蘭湖

廣州地名曰蘭湖。（《書敘指南》卷十四。）

祝恬

祝恬，字伯休，中山人。《南越志》云，恬爲司徒，以直言犯上，斥爲交州刺史，政清恩被，甚得民心。（《安南志略》卷七。）

長針魚

長針魚，口四寸。（《太平御覽》卷九百三十九。）

龍鄉縣

龍鄉縣屬廣熙郡。梁大同中〔一〕分廣熙置建州，又分建州之雙頭洞立雙州，即此是也。（《太平寰宇記》卷一百六十四。又見《太平御覽》卷一百七十二。此條所記爲梁以後事，或梁後亦有《南越志》一種。）

〔校記〕

〔一〕大同中，《太平御覽》無。

琅邪

琅邪，邑名是也。（《孟子注疏》卷二上。）

郢

郢，故楚都，在南郡，則知畢在郢之地，故曰畢郢。（《孟子注疏》卷八上。）

存疑

金溪穴

徵側兵起，都麊泠縣。及馬援討之，奔入金溪穴中，二年乃得之。（《後漢

書・馬援列傳》李賢等注。此條，《後漢書》注言出《越志》，當即《南越志》。）

馬鞍岡

秦占氣者以南方有黃氣紫雲之異，使繡衣使者鑿之二十餘丈，乃流血數日，以爲鑿龍之效。今所鑿之處形似馬鞍，謂之馬鞍岡。（《太平御覽》卷一百七十二。按，此條，與《太平御覽》同卷所引《南越志》「蕭連山」條并列。「蕭連山」後插入「郭景純云」數字，而「馬鞍岡」此條，開頭以「又曰」與上文相連，不知其出《南越志》還是出郭景純文。）

波斯

彼之女子穿彩絲以爲首飾。（《南越筆記》卷十三。此條，《南越筆記》言出《南越記》，清前書多不見引。不知是否即《南越志》。）

滴翠珠

士人宋述家有一珠，大如雞卵，微紺色，瑩徹如水，手持之，映空而觀，則末底一點凝翠，其上色漸淺。若回轉，則翠處常在下，不知何物，或謂之滴翠珠。（《格致鏡原》卷三十二。此條，宋《新雕皇朝類苑》、《夢溪筆談》等書皆存，均不注出處，清《博物要覽》言此條爲唐時事，唯《格致鏡原》言出《南越志》。）

趂墟

越之市名爲墟，多在村場，先期招集各商，或歌舞以來之。荊南嶺表皆然。（《南越筆記》卷一。此條，《南越筆記》言出《南越志》，他書不見徵引。）

《南康記》　　宋王韶之

王韶之《南康記》，卷亡。此書史志不載。王韶之（379 年-435 年），字休泰，琅邪臨沂（今屬山東）人，曾任著作佐郎、中書侍郎、著作郎，著《晉安帝陽秋》，景平元年出爲吳興太守，元嘉十年爲祠部尚書，王韶之《南康記》，諸家徵引不多，南宋時徵引者僅《錦繡萬花谷》和《記纂淵海》，是書或亡於南宋後期。王韶之《南康記》，劉緯毅《漢唐方志輯佚》，駱偉、駱廷《嶺南古方志輯佚》皆輯。

君山

雩縣有君山，大風雨後，聞弦管聲〔一〕。其山謂之仙宮。(《初學記》卷五。
又見《記纂淵海》卷六、《錦繡萬花谷》後集卷五。)

〔校記〕

〔一〕弦管，《記纂淵海》、《錦繡萬花谷》作「管絃」。

令史

湘源有長瀨，其傍石或像人形〔一〕，或似牛羊〔二〕，土人名人形者爲令史
〔三〕。(《編珠》卷一。又見《北山小集》。)

〔校記〕

〔一〕人形，《北山小集》作「人」。

〔二〕此句，《北山小集》無。

〔三〕此句，《北山小集》作「二人名爲令史」。

覆笴山

平國有覆笴山，道士遺言云是福地，下有潛穴，未詳有所通不。(《北堂書
鈔》卷一百五十八。)

石鼓

寧都溪之西，有一山，狀如鼓，相傳謂之石鼓，去縣三里，壁立百餘丈，
赫然似朝霞初暉，異於凡石。(《藝文類聚》卷八。)

駢羅其阿

相博山石室，其蜜房駢羅，綴其山阿也。(《北堂書鈔》卷一百四十七。)

石君山

南康上隴左人有一坑，坑裏有石人出水內，名曰魁君，甚有靈應，百姓
立祠於坑祭之。(《北堂書鈔》卷一百五十七。《書鈔》言此條作者爲王歆之，「王歆
之」，應爲「王韶之」。)

歸美山

歸美山，山石紅丹，赫若采繪，峨峨秀上，切霄鄰景，名曰女媧石。大
風雨後，天澄氣靜，聞弦管聲。(《太平御覽》卷五十二、《緯略》卷八。)

蛟窟

神源下流百里有峽，兩岸皆高山，峽下數十里有蛟龍窟，時時有霧氣。耆宿云此通南康縣，去此穴由百餘里。嘗有宿其口者，夜遇暴雨水，器物乃流出，彼此如其然。(《太平御覽》卷五十五。)

《始興記》　　宋王韶之

王韶之《始興記》，隋、唐、宋史志及諸家書目皆不著錄。王韶之，詳前。始興郡，吳立，屬廣州。晉宋時歸屬屢變。《始興記》，《後漢書》注補等書徵引時亦作《始興郡記》。王韶之《始興記》亡佚後，後代輯本較多。《說郛》宛委山堂本、王仁俊《玉函山房輯佚書補編》、黃奭《漢學堂知足齋叢書·子史鈎沉》、曾釗《嶺南遺書》第五集皆輯是書一卷。劉緯毅《漢唐方志輯佚》亦輯是書條目數則。

靈水源

靈水源有溫泉〔一〕，湧溜如沸〔二〕，時〔三〕有細赤魚出遊，莫有獲〔四〕者。(《初學記》卷七。又見《文選·詩戊·樂府下·苦熱行》李善注。)

〔校記〕

〔一〕此句，《文選》注作「雲水源泉」。
〔二〕此句，《文選》注作「湧溜如沸湯」。
〔三〕時，《文選》注無。
〔四〕獲，《文選》注作「獲之」。

雲水源自湯泉，下流多蛟害。癘濟者遇之，必笑而沒。(《藝文類聚》卷九十六、《太平御覽》卷九百三十。)

靈泉源出溫泉。(《初學記》卷七。)

豫章木

陽山縣有石壚村，村下有豫章木，徑可二丈。秦時伐木爲鼓，名曰聖鼓也。(《北堂書鈔》卷一百零八。)

始興郡桂陽縣有豫章木，徑可長二丈，作鼓，名聖鼓。秦時伐此木果，

忽自奔洛陽。(《古今合璧事類備要》後集卷十三。)

聖鼓城

秦鑿陽山〔一〕桂陽〔二〕縣閤下，鼓〔三〕便自奔逸，息〔四〕於臨武，遂之洛陽，〔五〕因〔六〕名聖鼓。今臨武有聖鼓城。(《編珠》卷二。又見《初學記》卷十六、《白孔六帖》卷六十二、《記纂淵海》卷七十八。)

〔校記〕

〔一〕陽山，《初學記》作「楊山」，《白孔六帖》、《記纂淵海》無。

〔二〕陽，《初學記》作「楊」。

〔三〕鼓，《記纂淵海》作「其鼓」。

〔四〕息，《白孔六帖》、《記纂淵海》無。

〔五〕此句，《初學記》作「遂之始興、洛陽」。

〔六〕因，《初學記》作「遂」。

息於臨武，遂之洛陽，因名聖鼓城。今在臨武。(《太平御覽》卷五百八十二。)

聖鼓

含進公口下流有枯木，曰聖鼓。上下人以篙犯之者，皆虐。(《太平御覽》卷七百七十一。)

捕竹嶺

縣西北曰捕竹嶺，上常有鳴鼓角聲。(《北堂書鈔》卷一百二十一。)

芙蓉崗

郡西南有芙蓉岡，高若玉山，鄰枕郊郭，周廻連亙四十餘里〔一〕。(《太平御覽》卷五十三。又見《北堂書鈔》卷一百五十七、《藝文類聚》卷六。)

〔校記〕

〔一〕此句，《北堂書鈔》作「可四十里」，《藝文類聚》作「可四十餘里」。

含洭三城

含洭有三城：白沙城、馬鞍城、白鹿城，城南有白鹿岡。(《初學記》卷二十四、《錦繡萬花谷》後集卷二十五。)

白鹿崗

含淮〔一〕縣白鹿城，南有白鹿崗，晉咸和中，郡人〔二〕張魴〔三〕作令著惠，有白鹿羣遊南崗〔四〕，故因以爲名。（《北堂書鈔》卷一百五十七。又見《藝文類聚》卷六、《太平御覽》卷五十三。）

〔校記〕

〔一〕淮，《藝文類聚》、《太平御覽》作「洭」。

〔二〕郡人，《太平御覽》作「郡民」

〔三〕魴，《太平御覽》作「鮑」。

〔四〕南崗，《太平御覽》作「此岡」。

含洭有白鹿城。晉咸康中，都人張魴作令十年，甚有惠政，白鹿群遊，取一而獻之，故以爲名。（《初學記》卷二十四。）

縣有白鹿城，城南有白鹿岡。咸康中，郡民張魴爲縣，有善政，白鹿來遊，故城及岡竝即名焉。（《水經注》卷三十九。）

合逤有三城：馬鞍城、白鹿城、白沙城。郡晉咸康中張魴甚有惠政，白鹿群遊，取一而獻之，故因此爲名。（《太平御覽》卷一百九十二。）

晉咸康中，張方爲縣令，感白鹿群遊於此。（《輿地紀勝》卷九十五。）

任將軍城

有任將軍城，秦南海尉任囂城也。（《太平御覽》卷一百九十二。）

勞口東岸

勞口〔一〕東岸有石四方而高，可百餘仞〔二〕，其狀若臺。〔三〕（《初學記》卷八。又見《太平御覽》卷五十二、《錦繡萬花谷》後集卷六、《東坡先生物類相感志》卷十八。）

〔校記〕

〔一〕勞口，《太平御覽》作「營口」。

〔二〕百餘仞，《太平御覽》作「百仞」，《錦繡萬花谷》作「百餘步」。

〔三〕《太平御覽》此句後有「故名臺石」句。

勞口東岸，有石四方，高百餘仞，其狀如臺。《注》云：〔一〕父老相傳，此石，昔有三人伐木以作橋，於石頂戲，見數甕錢，共取半甕還。（《初學記》卷二十七、《錦繡萬花谷》後集卷三十一、又見《太平御覽》卷八百三十六。）

〔校記〕

〔一〕此句，《太平御覽》無。

　　林水源裏有石室，室前磐石上行羅十甕，中悉是餅銀。採伐過〔一〕之，不得取之〔二〕，取必迷悶。晉孝武〔三〕太元初，封驅之家奴竊三餅〔四〕，歸，發看，有蛇〔五〕螫之而死。其夜驅之夢神語之曰：「君奴不謹，盜銀三餅，即日顯戮。」覺，奴已死，銀由在，復還之矣。〔六〕（《太平御覽》卷三百九十七。又見《水經注》卷三十八。）

　　〔校記〕

　　〔一〕過，《水經注》作「遇」。

　　〔二〕之，《水經注》無。

　　〔三〕孝武，《水經注》無。

　　〔四〕此句，《水經注》作「民封驅之家僕密竊三餅」。

　　〔五〕蛇，《水經注》作「大蛇」。

　　〔六〕「其夜驅之夢神」數句，《水經注》無。

　　秋水〔一〕源山盤石上，羅列十甕，皆蓋以青盆，其〔二〕中悉是〔三〕銀餅。人有遇之者〔四〕，但得開觀之，不可取，〔五〕取輒迷悶〔六〕。晉太元初，林驅家僕竊三餅，有大虵傷而死。其夜，林驅夢神語曰：「君奴不良，盜銀三餅，已受顯戮。願以銀相備。」驅覺，奴死，銀在其旁。有徐道者，自謂能致。乃集祭酒，盛奏章書，擊鼓吹，入山。須臾，雷震雨石，倒樹折木，道遂懼走。〔七〕（《太平御覽》卷八百一十二。又見《初學記》卷八、《東坡先生物類相感志》卷十八。）

　　〔校記〕

　　〔一〕秋水，《初學記》作「林水」，《東坡先生物類相感志》作「臨水」。

　　〔二〕其，《初學記》、《東坡先生物類相感志》無。

　　〔三〕是，《初學記》無。

　　〔四〕此句，《初學記》作「有人遇之」，《東坡先生物類相感志》作「人遇之者」。

　　〔五〕此二句，《初學記》、《東坡先生物類相感志》作「得開觀而不可取」。

　　〔六〕此句，《初學記》作「取輒失路，迷悶欲死」，《東坡先生物類相感志》作「取便失路，迷悶欲死」。

　　〔七〕「晉太元初」數句，《初學記》、《東坡先生物類相感志》無。

　　林水源中〔一〕有石室，室前〔二〕磐石上，行羅千甕，〔三〕中悉是餅銀，採伐遇之，不得取，取必迷悶。〔四〕（《太平御覽》卷五十九。又見《太平御覽》卷七百五十八。）

　　〔校記〕

　　〔一〕林水源中，《太平御覽》卷七百五十八作「林源山」。

〔二〕前，《太平御覽》卷七百五十八無。

〔三〕《太平御覽》卷七百五十八此處有「皆蓋以青盆」句。

〔四〕此二句，《太平御覽》卷七百五十八無。

林水出焉。其臺旁有石室，室前磐石上，行列十甕，皆蓋以青盆，悉是銀製。有人過者，但得開觀，不可取之；取之則悶絕若死。封丘之奴竊二枚，爲大虵所害，即不知其自。(《太平御覽》卷五十二。)

逃石

勞口北有逃石，一名靈石。晉永和中，有二飛仙衣冠自來憩此石，旬日乃去之。(《太平御覽》卷五十二。)

靈鷲寺

靈鷲山臺殿宏麗，面像巧妙，〔一〕嶺南佛寺，此爲最也。(《太平寰宇記》卷一百五十九。又見《輿地紀勝》卷九十、《方輿勝覽》卷三十五。)

〔校記〕

〔一〕此二句，《方輿勝覽》無。

伊水有洲

伊水口〔一〕有長〔二〕洲，洲廣十里，平林蔚然，〔三〕有群象、野牛。(《太平御覽》卷八百九十。又見《事類賦注》卷二十、《記纂淵海》卷九十八。)

〔校記〕

〔一〕口，《事類賦注》、《記纂淵海》無。

〔二〕長，《事類賦注》、《記纂淵海》無。

〔三〕此句，《事類賦注》、《記纂淵海》無。

銀礫

冷君西北有小首山〔一〕。宋元嘉元年，夏〔二〕霖雨，山崩。自顛及麓，崩處有光耀，有若星辰焉〔三〕。居人往觀，皆是銀鑠，鑄得銀也。(《太平御覽》卷八百一十二。又見《初學記》卷二十七、《錦繡萬花谷》後集卷三十一。)

〔校記〕

〔一〕此句，《初學記》、《錦繡萬花谷》作「小首山」。

〔二〕夏，《錦繡萬花谷》無。

〔三〕此句，《初學記》作「望若辰砂」，《錦繡萬花谷》作「有若辰焉」。

堯故亭

淘水源有堯山，長嶺衡亙，遠望如陣雲，〔一〕山〔二〕下有平陵，陵上有古大堂基十餘處〔三〕，雖已夷漫而猶可識，〔四〕謂曰堯故亭〔五〕。父老相傳：堯南巡〔六〕登此山〔七〕，故亭即其行宮。〔八〕（《太平御覽》卷一百九十四。又見《北堂書鈔》卷一百五十七、《太平寰宇記》卷一百五十七、《玉海》卷一百七十五。）

〔校記〕

〔一〕此數句，《北堂書鈔》、《太平寰宇記》、《玉海》無。

〔二〕山，《北堂書鈔》、《太平寰宇記》、《玉海》作「堯山」。

〔三〕此句，《北堂書鈔》作「上有堯故亭」，《太平寰宇記》作「陵上有基」。

〔四〕此句，《北堂書鈔》、《太平寰宇記》、《玉海》無。

〔五〕此句，《北堂書鈔》無，《太平寰宇記》作「云是堯故亭」。

〔六〕巡，《北堂書鈔》作「巡狩」。

〔七〕山，《太平寰宇記》無。

〔八〕此句，《北堂書鈔》、《太平寰宇記》無，《玉海》作「故亭即其行宮」。

堯山在洽洭縣三十里。（《太平寰宇記》卷一百五十七。）

含洭縣有堯山，堯巡狩至於此，立行臺也。（《初學記》卷二十三。）

堯巡狩經此山，或謂此山堯然而高，故名堯。俗誤爲堯山。（《輿地紀勝》卷九十五、《方輿勝覽》卷三十五。）

堯山長嶺，望之如雲。（《太平御覽》卷八。）

懸藤

晉中朝，有質子將歸，忽有人寄其書，告曰：「吾家在觀亭，亭〔一〕廟石間有懸藤，君至〔二〕叩藤，家人自出〔三〕。」歸者如其〔四〕言，果有二人出水取書，並曰：「江伯令君前。」入水，見屋舍甚麗，今俗咸言觀亭有江伯神也。（《藝文類聚》卷八十二。又見《太平御覽》卷九百九十五。）

〔校記〕

〔一〕亭，《太平御覽》無。

〔二〕至，《太平御覽》無。

〔三〕自出，《太平御覽》作「必自出」。

〔四〕其，《太平御覽》無。

神廟

觀亭峽下有神廟，傍巖向江，經道不恪者必狂走，或變而爲虎。（《太平御

覽》卷七百三十九。）

貞女峽

桂陽貞女峽〔一〕，傳云：秦世有〔二〕數女，取螺於此，遇風〔三〕雨，一女忽化爲石人，今〔四〕形高七尺，狀如女子。（《藝文類聚》卷九十七。又見《太平廣記》卷三百九十八。）

〔校記〕

〔一〕貞女峽，《太平廣記》作「有貞女峽」。

〔二〕有，《太平廣記》無。

〔三〕風，《太平廣記》無。

〔四〕《太平廣記》「今」後有「石人」二字。

梁鮮二水口下流，有滇陽峽，長二十餘里，山嶺紆鬱，叢流曲勃。〔一〕中宿縣有貞女峽，峽〔二〕西岸水際，有石，如人形，狀似女子，是曰「貞女」。父老相傳：秦世有女數人，取螺於此，遇風雨晝昏〔三〕，而〔四〕一女化爲此石。（《藝文類聚》卷六。又見《詳注昌黎先生文集》卷三。）

〔校記〕

〔一〕此數句，《詳注昌黎先生文集》無。

〔二〕峽，《詳注昌黎先生文集》無。

〔三〕此句，《詳注昌黎先生文集》作「過風而晝晦」。

〔四〕而，《詳注昌黎先生文集》無。

宿縣有觀峽，橫巒交枕，絕崖岝崿。護水口有貞女峽，峽西岸水際有石如人形，高可七尺，狀似女子，是曰貞女。父老相傳，秦世有女數人，取螺於此，遇風雨晝昏，而一女化爲此石。（《太平御覽》卷五十三。）

中宿縣有貞女峽，水際有石，似女子。（《北山小集》卷十二。）

周昕廟

盧水合武水，甚險，名曰新隴，有太守周昕廟，即始開此隴者。行者放雞散米以祈福，而忌著濕衣入廟。（《太平御覽》卷五十六。）

修仁水

修仁水，西南注連水，北有三楓亭、五渡水。（《太平御覽》卷六十五。）

斟溪

連水下流有斟溪，一日十溢十竭。(《太平御覽》卷六十七。)

羅公洲

城西百餘步有棲霞樓，臨川王營置，清暑遊焉。羅君章居之，因名爲羅公洲。樓下洲上，果竹交蔭，長楊傍映，高梧前竦，雖即城隍，趣同丘壑。(《太平御覽》卷六十九。)

懸石

縣下流有石室，內有懸石，扣之，聲若磬，響十餘里。(《初學記》卷十六、《太平御覽》卷五百七十六。)

泉巖河

泉巖河〔一〕，一日十盈不〔二〕竭，若湘水焉。又曰泉山，峭壁高竦〔三〕，瀑布飛流。(《太平寰宇記》卷一百一十七。又見《輿地紀勝》卷九十二。)

〔校記〕

〔一〕泉巖河，《輿地紀勝》作「眾巖阿」。
〔二〕不，《輿地紀勝》作「十」。
〔三〕竦，《輿地紀勝》作「聳」。

玉山

郡東有玉山，草木滋茂，泉石澄潤。(《藝文類聚》卷七。)

龍口

漚水內有一處曰龍口，甚神明，經過莫敢眠袒。船載什物，置之不守可經月，人及鳥獸無犯者。(《太平御覽》卷八百八十二。)

越王城

漢將滅越，王築城伐木。將運之，一夜，木數千件頓亡，越亡之徵。(《太平御覽》卷九百五十三。)

科藤

黃溪出科藤。(《太平御覽》卷九百九十五。)

湞陽

（湞陽）有吳山。（《後漢書·郡國志四》劉昭注補。此條，《後漢書》注補言出《始興郡記》。）

曲江

縣北有臨沅山。（《後漢書·郡國志四》劉昭注補。此條，《後漢書》注補言出《始興郡記》。）

存疑

湞陽峽

英德一名湞陽峽，崖壁千仞，猿狖不能攀，昔有樵者見飛仙於此。（《說郛》宛委山堂本卷六十一。此條，初見於《元和郡縣志》，不著出處，《輿地紀勝》所引此條亦言出《元和郡縣志》，唯《說郛》言此條出王韶（之）《始興記》。）

《始安（郡）記》　宋王歆之

王歆之，字叔道，生卒年不詳，河東（今山西永濟）人，曾祖愆期，晉世官至南蠻校尉。祖尋之，光祿大夫。父肇之，豫章公相。歆之歷任左民尚書，光祿大夫，南康相。王歆之《始安記》，卷亡，史志不著錄。章宗源《隋書經籍志考證》言《始安郡記》七卷，《北堂書鈔》等隋及唐宋時書引是書數條。始安郡，三國吳置，治始安縣，即今廣西桂林。劉緯毅《漢唐方志輯佚》輯是書。

崑崙山

沉軍壘北有崑崙山，連峙千仞，嶺岑常颭，有風竅焉。（《北堂書鈔》卷一百五十一。）

始安侯國

縣東有駮樂山，東有遼山。（《後漢書·郡國志四》劉昭注補。此條，《後漢書》注補言出《始安郡記》。）

吳越

吳越之境，其人好劍，輕死易生，火耕水耨，人食魚稻，無千金之家，好巫鬼，重淫祀。（《太平御覽》卷一百七十二。）

《神境記》　　宋王韶之

王韶之《神境記》，卷亡，史志不著錄。《神境記》，姚振宗《隋書經籍志考證》言其所記爲「滎陽山水」。觀書中內容，「滎陽」，當爲湘州營陽。姚振宗又言《神鏡記》即《武陵記》之一種，不知所據。此書，北宋《太平御覽》等多引，南宋書所引條目無出其外者，或其南宋時已亡。《說郛》宛委山堂本、清黃奭《漢學堂知足齋叢書·子史鈎沉》、清陳運溶《麓山精舍叢書》、清王仁俊《玉函山房輯佚書補編》皆輯王韶之《神境記》一卷。劉緯毅《漢唐方志輯佚》亦輯是書條目數則。

何家巖

滎陽郡北三十里有何家巖，傍有一穴，始入幽峽而甚闇，昔有採鍾乳者〔一〕至此，見有書三卷，竹一枝。〔二〕（《太平御覽》卷五十四。又見《北堂書鈔》卷一百五十八。）

〔校記〕

〔一〕者，《北堂書鈔》無。

〔二〕此句，《北堂書鈔》無。

蘭巖山

滎陽郡南百餘里有蘭巖〔一〕，其路危阻，遠〔二〕絕人跡，登其上〔三〕，有石路松林，杳然是〔四〕雲霞中館宇。常有雙鶴素羽皦然，多偶影翔集，傳云：昔有夫婦隱於此，年數百歲，化成此鶴。〔五〕（《唐詩鼓吹》卷六。又見《初學記》卷八、《錦繡萬花谷》後集卷六。）

〔校記〕

〔一〕此句，《初學記》、《錦繡萬花谷》作「蘭巖山」。

〔二〕遠，《初學記》作「迥」，《錦繡萬花谷》作「近」。

〔三〕上，《初學記》、《錦繡萬花谷》作「山」。

〔四〕是，《初學記》、《錦繡萬花谷》作「便是」。

〔五〕「常有雙鶴」數句，《初學記》、《錦繡萬花谷》無。

滎陽郡西有蘭巖山，常有雙鶴素羽皦然，日夕偶形翔集，傳云：昔夫婦俱隱此山，年數百歲，化成此鶴。（《初學記》卷三十、《太平御覽》卷九百一十六、《事類賦注》卷十八。）

滎陽南有石室，室後有孤松千丈，常有雙鵠〔一〕，晨必接翮，夕輒偶影，傳云：昔有夫婦二人俱隱此室中〔二〕，年既數百，化爲雙鵠。一者失之，尋爲人所害，一者獨棲此松，熒立哀唳。〔三〕（《太平御覽》卷九百五十三。又見《藝文類聚》卷八十八。）

〔校記〕

〔一〕鵠，《藝文類聚》作「鶴」，下同。

〔二〕中，《藝文類聚》無。

〔三〕「一者失之」數句，《藝文類聚》無。

滎陽縣西〔一〕有蘭巖山，峭拔千丈，常有雙鵠不絕往來。〔二〕傳云：「昔有夫婦隱此山數百年，化爲此鵠〔三〕，忽一旦，一鵠〔四〕爲人所害，其一鵠歲常哀鳴，至今響動巖谷，莫知〔五〕年歲。」（《太平寰宇記》卷九。又見《太平御覽》卷四十二、《事類賦注》卷七。）

〔校記〕

〔一〕西，《太平御覽》、《事類賦注》無。

〔二〕此句，《事類賦注》無；往來，《太平御覽》作「來往」。

〔三〕此鵠，《事類賦注》作「雙鶴」。

〔四〕鵠，《事類賦注》作「鶴」，下同。

〔五〕知，《太平御覽》無。

蘭巖山，其路阻險，絕人行跡，有石室，常有石如雙白鵠翔集，其上復有孤松千丈，石路松磴，乃雲霞之中館矣。（《輿地紀勝》卷五十六。）

永州

永州地名曰蘭巖。（《書敍指南》卷十四。）

靈源山

滎陽〔一〕郡西有靈源山，有石髓紫芝。〔二〕昔者〔三〕有採藥此山，聞〔四〕林谷間〔五〕有長嘯者。今樵人往往猶聞焉。（《藝文類聚》卷十九。又見《白孔六帖》卷六十二、《太平御覽》卷三百九十二。）

〔校記〕

〔一〕榮陽，《太平御覽》作「營道」。

〔二〕此句，《白孔六帖》無。

〔三〕昔者，《太平御覽》無，《白孔六帖》作「昔」。

〔四〕聞，《白孔六帖》作「間」。

〔五〕間，《白孔六帖》作「聞」。

榮陽縣〔一〕西有靈源山，其間〔二〕生靈芝、石菌。其巖頂有石髓、紫菊，〔三〕往往人聞有長嘯之聲。〔四〕（《太平寰宇記》卷九。又見《太平御覽》卷九百九十六。）

〔校記〕

〔一〕縣，《太平御覽》作「郡」。

〔二〕間，《太平御覽》作「澗」。

〔三〕此句，《太平御覽》作「巖有紫菊」。

〔四〕此句，《太平御覽》無。

榮陽郡西靈源山，巖有菊。（《記纂淵海》卷九十三。）

黃色蓮花

九疑山過半〔一〕路，皆行竹松〔二〕下狹〔三〕路，有清澗，澗中有〔四〕黃色蓮花，芳氣竟谷〔五〕。（《藝文類聚》卷八十二。又見《太平御覽》卷九百九十九、《輿地紀勝》卷五十八。）

〔校記〕

〔一〕過半，《輿地紀勝》作「半」。

〔二〕此句，《輿地紀勝》作「其路皆植松竹」。

〔三〕狹，《太平御覽》、《輿地紀勝》作「夾」。

〔四〕有，《輿地紀勝》作「生」。

〔五〕竟谷，《太平御覽》作「盈谷」，《輿地紀勝》作「溢谷」。

九疑，是舜之處〔一〕也，有青澗，中有黃色蓮花〔二〕，芳氣竟谷，此山之表，復有二峰，望之迺似人形，暎出雲端，如玉積，高於諸山。頂有飛泉如帶。舜廟在山之陽，人有入廟中者，常聞弦歌之聲。魯恭王登孔子舊宅，聞絲竹金石之聲，固有此事也。〔三〕（《緯略》卷七。又見《太平御覽》卷四十一。）

〔校記〕

〔一〕處，《太平御覽》作「葬處」。

〔二〕黃色蓮花，《太平御覽》作「黃蓮花」。

〔三〕「人有入廟中者」數句，《太平御覽》無。

舜廟

九疑山既出林，過溪望見舜廟，在郡山之下。而插構水際，杳若靈居矣。余親負勁策，致祠靈堂，乃躬就齋潔奉奠。其宵，水月如鏡焉。澗微響，乃聞廟裏若有弦歌者，聲調如近，察復緬邈。此其五弦之音，南風之響乎？（《太平御覽》卷五百二十六。）

滎陽孤山

滎陽郡有孤山，直上〔一〕百餘丈，東北有二穴，寥〔二〕然，杳〔三〕然，便是雲霞中館矣。（《北堂書鈔》卷一百五十八。又見《太平御覽》卷五十四。此條，《北堂書鈔》言爲王韶之《仙境記》。）

〔校記〕

〔一〕上，《太平御覽》作「長」。

〔二〕寥，《太平御覽》作「寥寥」。

〔三〕杳，《太平御覽》作「杳杳」。

存疑

武陵池

武陵一孤山，嶺有池，魚鼈無不備有。其七月七日，乃出遊嶺顛，族類各別。（《說郛》宛委山堂本卷六十。）

按，此條，《北堂書鈔》等言出黃閔《武陵記》，唯《說郛》言出王韶之《神境記》。

印渚山

印渚山，上承浮溪水，從渚以上至縣，悉石瀨惡道，不可行船。以下水道無險，故行旅集焉。晉王胡之爲吳興太守，至渚中，歎曰：非唯使人心情開滌，亦覺日月清朗。傳云：渚次石文似印，因以爲名。（《說郛》宛委山堂本卷六十。）

按，此條，《太平寰宇記》、《太平御覽》言出《吳興記》，唯《說郛》言出《神境記》。

江陵

　　玄之初奔也，終日不得食，左右進糷粥咽不下，昇抱玄胸撫之，玄悲不
自勝。至此，益州都護馮遷斬玄於此洲，斬昇於江陵矣。(《水經注》卷三十四。
此條，《水經注》言爲「王韶之云」，不著篇名，兹列於此。)

《東陽記》　　宋鄭緝之

　　鄭緝之《東陽記》，新、舊《唐書》均言一卷，是書北宋時應存。南宋
時書多不見徵引，或其時已亡，是書或亡於兩宋之交。鄭緝之，劉宋時人，
生卒年、里籍未詳。曾爲員外郎。《冊府元龜》著錄其《孝子傳》五卷、《東
陽記》一卷。東陽，晉宋時治長山縣，即今浙江金華。劉緯毅《漢唐方志
輯佚》輯鄭輯之《東陽記》數則。

岑山

　　太山東縣有岑山，去簇嶽千五百里，其山最有靈驗。晉隆安中，孫恩遣偏
師謝咸來攻東陽，山下之民聞嶺上有鼓鼙聲甚衆，若數萬人軍，幾十日，咸破，
而鼓音亦絕，今每至雲雨冥晦，時聞鼓音如官寺焉。(《北堂書鈔》卷一百二十一。)

　　晉隆安中，孫恩遣偏師謝咸攻東陽〔一〕。東陽岑山下民聞嶺上有鼓鼙聲，
若數萬人。咸破潰〔二〕，而山上鼓鼙亦絕。(《太平御覽》卷三百三十八。又見《樂
書》卷一百一十七。)

　　〔校記〕
　　〔一〕此二句，《樂書》作「晉嘗遣偏師謝咸攻東陽」。
　　〔二〕咸破潰，《樂書》作「咸既破潰」。

石甌

　　昆侖山頂有一孤石〔一〕，可高三十丈〔二〕，其形似甌〔三〕，人謂之石甌。
(《初學記》卷八。又見《太平御覽》卷四十七、《太平寰宇記》卷九十七、《錦繡萬
花谷》後集卷六。)

　　〔校記〕
　　〔一〕昆侖山，《太平御覽》、《太平寰宇記》作「昆山」。
　　〔二〕可，《太平御覽》、《太平寰宇記》無。

〔三〕似，《太平御覽》、《太平寰宇記》作「如」。

鄧逞

逞字彥林，河內人。祖濤，司徒。父簡，儀同三司。逞歷武陵王友、東陽太守。（《世說新語·政事》劉孝標注。）

懸室

信安縣有懸室坂〔一〕，晉中朝時〔二〕，有民王質〔三〕，伐木至石室中〔四〕，見童子四人彈琴而歌〔五〕，質因留，倚柯聽之〔六〕。童子以一物如棗核與質〔七〕，質含之便不復饑〔八〕。俄頃〔九〕，童子曰：其歸〔十〕。承聲而去〔十一〕，斧柯漼然爛盡〔十二〕。既歸，質去家已數十年〔十三〕，親情凋落，無復向時比矣。〔十四〕（《水經注》卷四十。又見《太平御覽》卷五百七十九、《太平御覽》卷七百六十三、《太平御覽》卷九百六十五、《事類賦注》卷二十六。）

〔校記〕

〔一〕此句，《御覽》卷五百七十九、卷九百六十五無。

〔二〕此句，《事類賦注》作「晉時」。

〔三〕此句，《御覽》卷五百七十九作「有王質者」，《御覽》卷七百六十三、卷九百六十五作「有民王質者」。

〔四〕此句，《御覽》卷五百七十九作「常入山伐木，至石室」，《御覽》卷七百六十三作「入山伐木，至石室中」。

〔五〕四人，《御覽》卷七百六十三作「數人」；琴，《事類賦》作「瑟」。

〔六〕此二句，《御覽》卷五百七十九作「質因留，跌斧柯而聽之」，《御覽》卷七百六十三作「因留，跌斧柯而聽之」，

〔七〕此句，《御覽》卷五百七十九作「童子以一物與質，狀如棗核」，《御覽》卷七百六十三作「童子以物與之，狀如棗核」，

〔八〕此句，《御覽》卷五百七十九「質取而含之，便不復饑」，《御覽》卷九百六十五作「含之，便不復饑」。

〔九〕俄頃，《太平御覽》卷五百七十九此前有「遂復少留，亦謂」句，《御覽》卷七百六十三無此二字，《事類賦注》作「頃」。

〔十〕此句，《御覽》卷五百七十九作「童子曰：『汝來已久，何不速去？』」，《御覽》卷七百六十三作「童子曰：『汝來已久，宜去』」，《御覽》卷九百六十五、《事類賦注》作「童子令其歸」。

〔十一〕此句，《御覽》卷五百七十九「質諾而起」，《御覽》卷七百六十三作「質承聲起」，《御覽》卷九百六十五、《事類賦注》作「質承聲而去」。

〔十二〕此句，《御覽》卷五百七十九作「所坐斧柯爛盡」。

〔十三〕此句，《御覽》卷五百七十九作「計離家已數十年矣」，《御覽》卷七百六十三作「去
　　　　家已數十年」，並以此結。

〔十四〕此二句，《御覽》卷九百六十五作「親舊凋落，無復比時矣」，《事類賦注》卷二十
　　　　六作「親舊零落，無復昔時矣」，《御覽》卷五百七十九所引稍異，其作「舊宅遷
　　　　移，室宇靡存，遂號慟而絕」。

春草巖

北山有春草巖、根竹巖、仙姥巖，間不生蔓草，盡出龍鬚，尤多藥物。(《藝文類聚》卷六。)

北山南面有春草巖，巖澗盡生龍鬚草。(《編珠》卷一。)

山南有春草巖，出龍鬚，多藥物。(《太平御覽》卷十九。)

仙姥巖間，不生蔓草，盡出龍鬚。(《太平御覽》卷九百四十四。)

石公山

石公山孤石，望如石人坐其傍。又有如石人狀，似新婦著花履焉，或名新婦巖。(《太平御覽》卷四十七。)

新婦石

永康山有新婦石。(《編珠》卷一。)

銅泉

銅山，下有泉〔一〕，水色鮮白〔二〕，號爲銅泉〔三〕。(《太平御覽》卷四十七。又見《太平寰宇記》卷九十七。)

〔校記〕

〔一〕此句，《寰宇記》作「山下有泉水」。

〔二〕水，《寰宇記》無。

〔三〕爲，《寰宇記》作「曰」。

北山西崖

北山西崖有石林〔一〕，流水澆灌其側〔二〕，又有石田如稻田，云室裏有洞穴，有人採鍾乳〔三〕，入十餘日，糧訖而穴不可窮〔四〕。(《北堂書鈔》卷一百五十八。又見《太平御覽》卷五十四。)

〔校記〕

〔一〕石林，《御覽》作「石床」。

〔二〕澆，《御覽》作「繞」。

〔三〕此句，《御覽》作「有人常於此採鍾乳」。

〔四〕訖，《御覽》作「絕」。

北山崖有洞穴，有人常於此穴採鍾乳八十餘日，糧盡而穴不窮。（《太平御覽》卷九百八十七。）

赤松廟

北山有湖，故老相傳云，其下有居民曰徐公者，常登嶺至此處，見湖水湛然，有二人共博於湖間，自稱赤松子安期先生，有一壺酒，因酌以飲徐公，徐公醉而寐其側，比醒，不復見二人，而宿草攢蔓其上，家人以爲死也，喪服三年。服竟，徐公方反，今其處猶爲徐公湖。（《藝文類聚》卷九。）

北山去郡三十餘里，有赤松廟。故老相傳曰，其下有居民曰徐公者，嘗登嶺至此處見湖水，二人共博於湖間，自稱赤松子、安期先生。有一壺，酌酒以飲徐公，公醉而寐其側，比醒，不復見。（《太平御覽》卷六十六。）

北山去郡三十里，有赤松廟、赤松澗，云昔徐公遇赤松於此。（《路史》卷三十九。）

有赤松湖，云赤松子、安期生共博於湖間也。（《須溪集》卷十。）

石牒

湘安縣有籍姓在縣，瀨如瀑布焉。瀨邊有石牀，上有石牒，長三尺許，似羅列雜繪矣。（《北堂書鈔》卷一百三十三。）

信安縣去石門四十里，瀨邊悉有石牒，長三尺許，似羅列雜繪，如店肆也。（《太平御覽》卷六十九。）

婺源縣

（婺源縣），上應婺女，故名之〔一〕。（《太平御覽》卷一百七十一。又見《太平寰宇記》卷一百零四。）

〔校記〕

〔一〕此句，《寰宇記》無。

東陽郡

此境於會稽西部〔一〕，嘗置都尉理於此〔二〕。吳寶鼎元年，始分會稽置東

陽郡。(《太平御覽》卷一百七十一。又見《太平寰宇記》卷九十七。)

　　〔校記〕

　　〔一〕於，《寰宇記》作「爲」。

　　〔二〕嘗，《寰宇記》作「常」。

石步廊

　　石步廊，去歌山十里，臨流虛構，高可數丈，長三十丈，可容百人坐。(《太平御覽》卷一百八十五。)

孝子許孜

　　孝子許孜父墓，去虎山十里，在山之麓，曲隧三里。鹿嘗食其松栽，孜心念之，即日鹿自死於所犯栽之下。孜埋死鹿，有小墳，至今猶存。(《太平御覽》卷五百五十九。)

獨公冢

　　獨公冢，在縣東八十里，有冢臨溪〔一〕，其磚文曰：「筮言吉，龜言凶，三百年，墮水中。」義熙中，冢猶半在。自後，稍已崩盡。(《太平御覽》卷七百六十七。又見《御覽》卷五百五十九。)

　　〔校記〕

　　〔一〕此數句，《御覽》卷五百五十九作「獨公山有古塚臨溪」。

歌山

　　歌山在吳寧縣，故老相傳云〔一〕，昔有人乘船從下過〔二〕，見一女子浴汲〔三〕，乃登此山，負水行歌，姿態甚妍〔四〕，而莫知所由，故名歌山〔五〕。(《藝文類聚》卷四十三。又見《北堂書鈔》卷一百零六、《太平御覽》卷五百七十二。)

　　〔校記〕

　　〔一〕此句，《書鈔》無。

　　〔二〕人，《御覽》卷五百七十二無。

　　〔三〕浴汲，《書鈔》作「在波間浴汲」，《御覽》卷五百七十二作「汲」。

　　〔四〕姿態，《御覽》卷五百七十二無。

　　〔五〕此句，《書鈔》作「故名爲歌山也」。

　　歌山在吳寧縣南，相傳昔有船從此下過，見一女子登山而歌，故名。(《編珠》卷一。)

九聲石

郡內有九聲石,形如鳥翅。(《編珠》卷一。)

昆山

崑山去蕪城山十里,山峰嶺高峻〔一〕,常秀雲表〔二〕,故老傳云嶺上有圓池,魚鼈具有,池邊有竹極大,風至垂屈掃地,恆淨潔〔三〕如人掃也。(《初學記》卷二十八。又見《太平御覽》卷九百六十二。)

〔校記〕

〔一〕山,《御覽》無。

〔二〕此句,《御覽》無。

〔三〕淨潔,《御覽》作「潔」。

龍丘山

縣龍丘山有九石,特秀林表,色丹白,遠望盡如蓮花。龍丘萇隱居於此,因以爲名。其峰際復有巖穴,外如悤牖,中有石林。巖前有一桃樹,其實甚甘,非山中自有,莫知誰植。(《後漢書‧郡國志四》劉昭注補。)

秦時改爲太末,有龍丘山在東,有九石特秀,色丹,遠望如蓮華。萇之隱處有一巖穴如窗牖,中有石牀,可寢處。(《後漢書‧循吏列傳》李賢等注。)

龍丘山有九石,特秀,林表色丹白,遠望盡如蓮花,漢龍丘萇隱居於此,因以爲名。(《詳注昌黎先生文集》卷二十七。)

太末龍丘山有一巖,前外如窗牖,內有石童。巖前一桃樹,其實甚甘。(《太平御覽》卷九百六十七。)

山有九石,晴明遠望,盡如芙蓉。有龍丘萇隱處,因名龍丘巖。崖際有石巖,外如窗牖,中有石床,生龍鬚草、檉柏,望之五采,俗呼爲新婦巖。(《太平寰宇記》卷九十七。)

姑蔑城

姑蔑城,在穀水南三里,東門臨薄里溪是也。(《新定九域志》卷五、《詳注昌黎先生文集》卷二十七。)

金狁山

金狁山之康縣南三里,故老傳云:有人得金狁於此,故名山。(《太平御覽》卷八百一十一。)

三衢山

山上有石，周廻三百步。（《太平寰宇記》卷九十七。）

蘭溪

龍丘山下有蘭溪，因以爲名。（《太平寰宇記》卷九十七。）

永康縣

赤烏八年分烏傷之上浦置爲永康縣，屬會稽郡。（《太平寰宇記》卷九十七。）

存疑

八素山

八素山在武義縣，《東陽山水記》云：秦末有八士來隱於此山，故名之。
（《海錄碎事》卷三上。此條，《海錄碎事》言出《東陽山水記》，不知是否即鄭緝之《東陽記》。）

金純山

金純山有三峰，悉數百尺，色丹，奪目不可仰視。（《古今遊名山記》卷十上、《方輿考證》卷七十七。此條明前書不見徵引，《古今遊名山記》作者言此條出《東陽記》，不著作者，不知是否即鄭緝之《東陽記》。）

《永嘉記》　宋鄭緝之

鄭緝之《永嘉記》，卷亡，史志不載。鄭緝之，見其《東陽記》。今所見鄭緝之《永嘉記》僅一條，茲列於下。

蔣公湖

懷化縣有蔣公湖。父老傳云〔一〕：先代有祭祀祈請者，湖輒下大魚與之。
（《初學記》卷七。又見《北堂書鈔》卷一百五十八、《太平御覽》卷六十六、《記纂淵海》卷七。）

〔校記〕

〔一〕此句，《記纂淵海》無；傳，《太平御覽》無。

《永嘉記》 佚名

除鄭緝之《永嘉記》、謝靈運《永嘉記》外，諸書所引又有佚名《永嘉記》一種，因無法判斷其作者歸屬，姑另作一種。永嘉，即今浙江溫州。

永寧山

水出永寧山，行三十餘里，去郡城五里入江。昔有東甌王都城，有亭，積石爲道，今猶在也。（《史記·東越列傳》司馬貞索隱。）

甌水出永寧山。（《路史》卷二十七。）

永嘉美瓜

永嘉美瓜，八月熟，至十一月肉青瓠赤，香甜清快，衆瓜之勝。（《齊民要術》卷二。）

官梨

青田村民家，有一梨樹〔一〕，名曰「官梨」；子大，一圍五寸〔二〕，常〔三〕以供獻，名曰〔四〕「御梨」，實落地即融釋〔五〕。（《齊民要術》卷四。又見《記纂淵海》卷九十二。）

〔校記〕

〔一〕有一梨樹，《記纂淵海》作「多種梨樹」。

〔二〕此句，《記纂淵海》無。

〔三〕常，《記纂淵海》作「恒」。

〔四〕曰，《記纂淵海》作「爲」。

〔五〕此句，《記纂淵海》作「梨實落至地即融釋」。

青田村人多種梨，有一株名曰官梨，一圍五寸，用〔一〕以供獻，又〔二〕名御梨。（《編珠》卷四。又見《藝文類聚》卷八十六。）

〔校記〕

〔一〕用，《藝文類聚》無。

〔二〕又，《藝文類聚》無。

青田村民家多種梨樹，名曰官梨。子大一圍五寸。樹老，今不復作子。此中梨子佳，甘美少比，實大出一圍，恒以供獻，名爲御梨。吏司守視，土人有未知味者。梨實落至地即融釋。（《太平御覽》卷九百六十九。）

青田村人家多種梨，有一梨樹，名曰官梨，大一圍五寸，恒以供獻，名爲御梨。(《初學記》卷二十八。)

含墮竹筍

含墮竹，筍六月生，迄九月，味與箭竹筍相似〔一〕。(《齊民要術》卷五。又見《北戶錄》卷二。)

〔校記〕

〔一〕「迄九月」二句，《北戶錄》無。

王和之

王和之字興道，琅琊人。祖翼，平南將軍。父胡之，司州刺史。和之歷永嘉太守，正員常侍。(《世說新語·輕詆》劉孝標注。)

石帆

郡有石〔一〕帆，又有破石〔二〕。傳云〔三〕古〔四〕有神人，以破石半〔五〕爲帆，故名〔六〕石帆。(《太平御覽》卷七百七十一。又見《北堂書鈔》卷一百三十八、《編珠》卷四。)

〔校記〕

〔一〕《編珠》、《北堂書鈔》此處有「如」字。

〔二〕此句，《編珠》、《北堂書鈔》無。

〔三〕傳云，《編珠》作「相傳」，《北堂書鈔》作「相傳云」。

〔四〕古，《編珠》無。

〔五〕半，《編珠》、《北堂書鈔》無。

〔六〕名，《北堂書鈔》作「曰」。

永嘉南岸有帆石〔一〕，乃堯時神人以破石爲帆〔二〕。將入惡溪。道次〔三〕置之溪側，遙望有似張帆，今俗號爲張帆溪〔四〕，與天台山相接〔五〕。(《太平寰宇記》卷九十九。又見《太平御覽》卷五十二、《新定九域志》卷五。)

〔校記〕

〔一〕帆石，《太平御覽》作「貼石」，《新定九域志》作「枯石」。

〔二〕爲帆，《太平御覽》作「推」，《新定九域志》作「爲堆」。

〔三〕道次，《新定九域志》無。

〔四〕爲張帆溪，《新定九域志》作「張溪」。

〔五〕此句，《新定九域志》無。

昔有神人破永嘉江北山石爲此帆，將入惡溪，道次棄之。(《太平寰宇記》

卷九十九。）

昔有神破永嘉江北山爲帆而去。（《新定九域志》卷五。）

西隗山

西隗山〔一〕，東接安固，西接松陽。（《初學記》卷八。又見《錦繡萬花谷》後集卷六。）

〔校記〕

〔一〕山，《錦繡萬花谷》無。

西隗山，東接松陽。（《太平寰宇記》卷九十九。）

盧隈

塵嶼有盧隈，又有茅峴，去盧隈二十五里。（《初學記》卷八。）

孫恩城

妖賊孫恩所築。（《輿地紀勝》卷十二、《（嘉定）赤城志》卷三十九。）

羅浮山

此山秦時從海中浮來。（《太平寰宇記》卷九十九。）

城門山

城門山瀑布水植風散爲雨，遇日化爲青虹也。（《太平寰宇記》卷九十九。）

突星瀨

昔王右軍遊惡溪〔一〕道，嘆其奇絕，遂書「突星瀨」於石。（《太平寰宇記》卷九十九。又見《太平御覽》卷一百七十一。）

〔校記〕

〔一〕溪，《太平御覽》無。

大溪

大溪南岸有西山，名爲石城壁立，水流從門中出，高百餘丈，飛流如瀑布，日映風動則灑散生雲虹，水激鏗響清冷若絲竹。（《太平寰宇記》卷九十九。）

竹青

青田縣有草葉似竹，可染碧，名爲竹青。此地所豐，故名青田。（《太平御覽》卷一百七十一、《錦繡萬花谷》卷五。）

三京亭

樂城縣三京亭，此亭是祖送行人之所。(《太平御覽》卷一百九十四。)

紫石英

固陶村有小山，出紫石英。人常於山下得一紫石英，王府君聞，遣人緣山掘得數升，芒角甚好，色少薄。孫府君亦掘得數升也。(《太平御覽》卷九百八十七。)

白石英

安固老山出白石英。(《太平御覽》卷九百八十七。)

赤石脂

赤石脂，出永甯赤石山。(《太平御覽》卷九百八十七。)

鍾乳

安固縣東山石穴出鍾乳。(《太平御覽》卷九百八十七。)

黃精

黃精，出松陽永寧縣。(《太平御覽》卷九百八十九、《證類本草》卷六。)

細辛

細辛出松陽。(《太平御覽》卷九百八十九。)

恒山

恒山出松陽永寧縣。(《太平御覽》卷九百九十二。)

泉山

山北有眾〔一〕泉，天旱〔二〕此泉不乾，故以名山〔三〕。山東有瀑布，長數十丈。遊名山者云頂有大湖，〔四〕中有孤巖獨立，皆露密房〔五〕。(《太平寰宇記》卷九十九。又見《太平御覽》卷六十五。)

〔校記〕
〔一〕眾，《太平御覽》無。
〔二〕天旱，《太平御覽》作「眾泉旱竭」。
〔三〕山，《太平御覽》無。
〔四〕此句，《太平御覽》作「遊者云山頂有大湖」。

〔五〕此句，《太平御覽》作「皆號孤房」。

《永嘉地記》　　佚名

除佚名《永嘉記》外，諸書徵引又有《永嘉地記》數條，其有與《永嘉記》合者，當爲一書，茲列於下。

宛魚

石堂水口多宛魚。（《太平御覽》卷九百四十。）

蜜蜂

七八月中，常有蜜蜂群過，有一蜂先飛，覓止泊處。人知輒內木桶中，以蜜涂桶中。飛者聞蜜氣或停，不過三四，來便舉群悉至。（《太平御覽》卷九百五十。）

濤山

濤山至高，常有拾橡者，見上有大湖，又有自然石橋。多獺、異色鳥獸。（《太平御覽》卷九百一十二。）

《永嘉郡記》　　佚名

除鄭緝之《永嘉記》、謝靈運《永嘉記》外，諸書所引有佚名《永嘉郡記》一種。其中，《九家集注杜詩》卷九、《能改齋漫錄》卷十五所引「白鶴」條，言出《晉永嘉郡記》。鄭緝之，史書無傳，始末不詳，其曾任宋員外郎，今人多言其爲晉宋時人。謝靈運，亦跨晉宋兩朝。此條《晉永嘉郡記》，應亦不出二人之外。《永嘉郡記》，其條目亦有與佚名《永嘉記》相同者，但爲愼重起見，茲單列。

桃枝水

桃枝水，出東陽長山縣桃林之下。（《白氏六帖事類集》卷二。）

山蕭

山蕭，一名山臊，《永嘉郡記》作山魅。一名山駱，一名蛟一曰蚊，一名濯肉，一名熱肉，一名暉，一名飛龍。如鳩，青色，亦曰治鳥。巢大如五斗器，飾以土堊，赤白相間，狀如射侯，犯者能役虎害人，燒人廬舍，俗言山魈。（《酉陽雜俎》前集卷十五。）

柘林水

郡西有桐樹山〔一〕，又〔二〕有柘林水、梧桐水、桃枝水。（《編珠》卷一。又見《藝文類聚》卷八。）

　〔校記〕
　〔一〕此句，《藝文類聚》無。
　〔二〕又，《藝文類聚》無。

地肺山

地肺山在樂城縣東大海中，去岸百餘里。（《初學記》卷五。）

硯溪

硯溪一原，中多石硯。（《北堂書鈔》卷一百零四、《初學記》卷二十一。）

硯溪一源多石硯。（《事類賦注》卷十五、《硯箋》卷三。）

仙石

安國江口東北有仙石，又山裏虛洞中有鍾乳穴，口出縣前，山跨江底，潛通江南，採人深入洞裏，常聞有波浪聲，口沮不窮，其遙莫知所限。（《北堂書鈔》卷一百五十八。）

死鯰

樂城縣三原亭，去郡百二十里，溪水清如鏡，曩昔有得一死鯰者，鰭大五六圍，一鰭輒得數十斛鮓，此灣無所不容。有人能食者，常自譬腹如三原灣，無所不容。（《太平御覽》卷七十五。）

潄湖溪中多大鯰。昔有流得一死者，鰭大五六圍。（《太平御覽》卷九百三十七。）

魚倉

青田溪，發源太湖，湖是白土，無復細石，中生蘊藻。〔一〕冬天水熱如湯，故〔二〕眾魚歸之，名爲〔三〕魚倉。（《太平御覽》卷一百九十。又見《太平御覽》卷九百三十六、《事類賦注》卷二十九。）

〔校記〕

〔一〕「發源太湖」數句，《太平御覽》卷九百三十六、《事類賦注》無。

〔二〕故，《太平御覽》卷九百三十六、《事類賦注》無。

〔三〕爲，《太平御覽》卷九百三十六、《事類賦注》無。

青田谿冬水熱，眾魚歸之，曰魚倉。（《海錄碎事》卷二十二上。）

方姥

樂成縣石堂水口，先時有一漆棺，逆水入溪十餘里便住，有靈下，人云是方姥，甚有靈驗。（《太平御覽》卷五百五十一。）

王右軍

昔王右軍遊永嘉，經於惡道，右軍書南邊大石。今猶見墨蹟，而字不甚了了。（《太平御覽》卷七百四十七。）

八輩蠶

永嘉有八輩蠶，蚖〔一〕珍蠶，三月績。柘蠶，四月初績。蚖蠶，四月初績。愛珍，五月績。愛蠶，六月末績。寒珍，七月末績。四出蠶，九月初績。寒蠶，十月績。凡蠶再熟〔二〕者，前輩皆謂之「珍」。養珍者〔三〕，少養之。「愛蠶」者，故蚖蠶種也。蚖珍三月既績，出蛾，取卵，七八日便剖卵〔四〕蠶生。多養之，是爲「蚖蠶」。欲作「愛」者，取蚖珍之卵，藏內甖中，（隨器大小，亦可十紙〔五〕。）蓋覆器口，安硎、泉、冷水中〔六〕，使冷氣折其出勢。得〔七〕三七日，然後剖生；養之，謂爲「愛珍」，亦呼〔八〕「愛子」。績成繭，出〔九〕蛾，生卵；卵七日又剖成蠶；多養之，此則「愛蠶」也。藏卵時，勿令見人。應用二七赤豆安器底，臈月桑柴二七枚，以麻卵紙。當令水高下，與重卵相齊。若外水高，則卵死不復出，若外水下卵，則冷氣少，不能折其出勢。不能折其出勢，則不得三七日；不得三七日，雖出「不成」也。「不成」者，謂徒績成繭、出蛾、生卵，七日不復剖生，至明年，方生耳。欲得陰樹下。亦有泥器口三七日，亦有成者。〔十〕（《齊民要術》卷五。又見《太平御覽》卷八百二十五。）

〔校記〕

〔一〕蚎,《太平御覽》作「虭」,下同。

〔二〕熟,《太平御覽》作「養」。

〔三〕此句,《太平御覽》無。

〔四〕此句,《太平御覽》作「七月八月便割」。

〔五〕十紙,《太平御覽》作「十紙、百紙」。

〔六〕此句,《太平御覽》作「安冷水」。

〔七〕得,《太平御覽》作「僅得」。

〔八〕呼,《太平御覽》無。

〔九〕出,《太平御覽》無。

〔十〕「藏卵時」後數句,《太平御覽》無。

永嘉有八輩蠶,蚎珍蠶,三月績;柘蠶,四月初績;蚎蠶,四月績;愛珍,五月績;愛蠶,六月末績;寒珍,七月末績;四出蠶,九月初績;寒蠶,十月績;其說云,凡蠶再養者,前輩皆謂之珍,少養之。而蚎蠶與愛珍二色候蚎珍三月既績,出蛾取卵,七八月便割蠶,生多養之,是爲蚎蠶,若取藏甕中,亦可十紙百紙蓋覆器口。安冷水,使冷氣析其出勢,僅得三七日,然後筒生,養之爲愛珍,然則蓋一類耳。(《爾雅翼》卷二十四。)

木履山

樂成縣木履山東帶採門。凡海採者,皆由其門,故以爲名。多香螺、文蛤之屬。(《太平御覽》卷九百四十一。)

袁君廟

君鄲山袁君廟,神降於祝史。以神前杯灌地,以大羹杯覆之,有頃發杯,而菌芝生於杯下。(《太平御覽》卷七百五十九。)

蠣嶼

樂成縣新溪口有蠣嶼,方圓數十畝,四面皆蠣,其味偏好。(《太平御覽》卷九百四十二。)

山鬼

安國縣有山鬼,形體如人而一脚,裁長一尺許。好噉鹽,伐木人鹽輒偷將去。不甚畏人,人亦不敢伐木,犯之即不利也。喜於山澗中取石蟹,伺伐木人眠息,便十十五五出,就火邊跂石炙噉之。常有伐木人見其如此,未眠

之前，痛燃石使熱，羅置火畔，便佯眠看之。須臾魖出，悉皆跂石，石熱灼之，跳樑叫呼，罵詈而去。此伐木人家，後被燒委頓。(《太平御覽》卷九百四十二。)

枯楊

青田出枯楊，所經山路左側，木則黃蘗爲林，草使黃連覆地。土人往伐黃蘗者，皆有酒食禱祀。禱祀若有違失山神意，二藥輒化爲異物，不可復得。(《太平御覽》卷九百五十九。)

黃連

松陽縣，草有黃連覆地。土人取者，必禱祠。若失神意，則化爲異物。(《太平御覽》卷九百九十一。)

仙石山

陽嶼有仙石，山頂上有平石，方十餘丈。名仙壇，壇陬輒有一筯竹，凡有四竹，葳蕤青翠，風來動，音自成宮商，石上淨潔，初無鸇撲，相傳云，曾有却粒者於此羽化，故謂之仙石。(《藝文類聚》卷八十九。)

陽興去安固江口六十五里，有仙石山。頂上有平石，辟方十餘丈，名爲仙壇。壇陬有一筯竹，凡有風來動，音自成宮商。(《太平御覽》卷九百六十三。)

小江緣岸有仙石壇，有竹嬋娟，青翠，風來枝動，掃石壇，壇上無塵也。(《白孔六帖》卷一百。)

陽嶼仙山有平石，方十餘丈〔一〕，名仙壇。有一筯竹，垂壇旁〔二〕，風來輒掃拂壇上〔三〕。(《太平御覽》卷九百六十二。又見《記纂淵海》卷九十六。)

〔校記〕
〔一〕此句，《記纂淵海》無。
〔二〕旁，《記纂淵海》作「上」。
〔三〕此句，《記纂淵海》無。

苦竹

樂成縣民張廌者，隱居頤志，不應辟命〔一〕。家有苦竹數十頃，在竹中爲屋，恒〔二〕居其中。王右軍聞而造之，廌逃避竹中，不與相見。一〔三〕郡號爲高士。(《太平御覽》卷九百六十三。又見《事類賦注》卷二十四。)

〔校記〕

〔一〕此句，《事類賦注》無。

〔二〕恒，《事類賦注》作「常」。

〔三〕一，《事類賦注》無。

三州府

樂城縣三州府，江有三洲，因以爲名。對岸有浦，名爲菰子，出好甘蔗。
（《太平御覽》卷九百七十四。）

白鶴

青田有一〔一〕雙白鶴〔二〕，年年生一子〔三〕，長大〔四〕便去，唯父母常
在〔五〕。（《記纂淵海》卷九十七。又見《白孔六帖》卷九十四、《輿地廣記》卷二十三。）

〔校記〕

〔一〕一，《白孔六帖》、《輿地廣記》無。

〔二〕《白孔六帖》此處有「青」字。

〔三〕一子，《白孔六帖》無；《輿地廣記》作「子」。

〔四〕大，《白孔六帖》、《輿地廣記》無。

〔五〕此句，《白孔六帖》、《輿地廣記》無。

有洙沐溪〔一〕，去〔二〕青田九里，此中有一雙白鶴〔三〕，年年生子，長大
便去，只惟餘〔四〕父母一雙在耳。精白可愛，多云神仙〔五〕所養。（《初學記》
卷三十。又見《藝文類聚》卷九十、《能改齋漫錄》卷十五。）

〔校記〕

〔一〕此句，《藝文類聚》作「有洙沐溪野」，《能改齋漫錄》作「田有沐溪野」。

〔二〕去，《藝文類聚》無。

〔三〕此句，《藝文類聚》作「中有雙白鵠」；一，《能改齋漫錄》無。

〔四〕惟餘，《藝文類聚》作「恒餘」，《能改齋漫錄》作「餘」。

〔五〕仙，《能改齋漫錄》無。

有〔一〕沐溪野，去青田九里〔二〕，中有一〔三〕雙白鶴，年年生伏子〔四〕，
長大便去，常餘父母在耳〔五〕，〔六〕相傳神所養〔七〕。（《九家集注杜詩》卷九。
又見《太平御覽》卷九百一十六。）

〔校記〕

〔一〕有，《太平御覽》無。

〔二〕此句，《太平御覽》作「青田」。

〔三〕一，《太平御覽》無。

〔四〕子，《太平御覽》作「我」，當誤。
〔五〕此句，《太平御覽》作「只伯餘父母一雙在耳」。
〔六〕《太平御覽》此處有「精白可愛」數字。
〔七〕此句，《太平御覽》作「多云神仙所養」。

沐溪野去〔一〕青田九里，有雙鶴年年生子〔二〕，長大便去，只餘父母一雙，精白可愛，多云神所養。（《錦繡萬花谷》别集卷二十八。又見《海錄碎事》卷二十二上。）

〔校記〕
〔一〕去，《海錄碎事》誤作爲「云」。
〔二〕生子，《海錄碎事》作「生伏子」。

衡山有紫蓋峰，峰上有雙鶴，迴翔而鳴。（《事類備要》别集卷六十四。）

《京口記》　宋劉損

劉損《京口記》，《隋書·經籍志》言二卷，宋太常卿劉損撰。新、舊《唐志》均作「劉損之」。劉損，字子騫，劉宋時京口（今江蘇鎮江）人，生卒年不詳。元嘉中爲吳郡太守，曾爲御史中丞、義興太守。京口，原爲吳都，號京城。吳遷都建業，置京口鎮，即今江蘇鎮江。劉損《京口記》，諸書所引時有作「劉楨《京口記》者」，「劉楨」，當爲「劉損」之形訛。劉緯毅《漢唐方志輯佚》輯是書。

石榴

龍剛縣有石榴。（《齊民要術》卷四、《樹藝篇》菓部卷四。）

石門

石門，二山頭相對，高二十餘丈，廣六十餘步，謂爲石門，行道所經。（《藝文類聚》卷八。）

屠兒浦

縣城東南大路，過長堽五里，得屠兒浦者，昔諸屠兒居此小浦，因以爲名也。（《藝文類聚》卷九。）

蒜山

蒜山無峰嶺，北懸臨江中〔一〕，魏文帝南望而致歌〔二〕。(《藝文類聚》卷八。又見《文選・詩乙・遊覽・車駕幸京口侍遊蒜山作》李善注、《太平御覽》卷四十六、《(嘉定) 鎮江志》卷六。)

〔校記〕

〔一〕此句，《文選》注、《(嘉定) 鎮江志》作「北臨江」，《御覽》作「臨江」。
〔二〕此句，《文選》注、《(嘉定) 鎮江志》無，《御覽》作「魏文帝南望致歎」。

龍目湖

龍目湖，秦王東遊〔一〕，觀地勢〔二〕，云此有天子氣，使赭衣徒鑿湖中長岡〔三〕，使斷，因改爲丹徒〔四〕。(《太平御覽》卷六十六。又見《北堂書鈔》卷一百五十七、《初學記》卷七、《海錄碎事》卷四上。)

〔校記〕

〔一〕此句，《書鈔》作「秦始皇東遊」，《初學記》作「秦王東觀」，《海錄碎事》作「秦皇東遊」。
〔二〕觀地勢，《初學記》作「親見形勢」。
〔三〕此句，《書鈔》作「使諸徒三千人鑿此三湖間長崗」。
〔四〕此句，《書鈔》作「因名丹徒」，《初學記》、《海錄碎事》作「因改名丹徒」。

有龍目湖，秦始皇東遊，觀地勢，曰有天子氣。使赭衣徒三千人鑿此，中間長堁使斷，因改名爲丹徒。(《太平御覽》卷六百四十二。)

白石峴

去城九里有白石峴〔一〕，山東有白石〔二〕。(《北堂書鈔》卷一百五十七。又見《太平御覽》卷五十七。)

〔校記〕

〔一〕九里，《御覽》作「九十里」；白石硯，《御覽》作「白在硯」，「在」應爲「石」之誤。
〔二〕此句，《御覽》無。

萬歲樓

有黃鶴山，在縣界。〔一〕晉王恭爲刺史，改創西南樓名萬歲〔二〕，西北名芙蓉樓〔三〕，〔四〕至今存焉。(《太平御覽》卷四十六。又見《太平寰宇記》卷八十九、《輿地紀勝》卷七。)

〔校記〕

〔一〕此二句，《寰宇記》、《紀勝》無。

〔二〕萬歲,《寰宇記》、《紀勝》作「萬歲樓」。

〔三〕芙蓉,《寰宇記》、《紀勝》作「芙蓉樓」。

〔四〕《寰宇記》此處作「樓之最高者」,《紀勝》作「蓋樓之最高也」。

州城上西樓名萬歲,晉刺史王恭所創,今月臺是。(《海錄碎事》卷四下。)

萬歲樓,王恭所創。(《輿地紀勝》卷七、《(至順)鎮江志》卷十二、《老學庵筆記》卷六。)

糖頹山

糖頹山,山周廻二里餘。山南隅〔一〕,隔路得郗鑒故宅五十餘畝。(《藝文類聚》卷六十四。又見《太平御覽》卷一百八十。)

〔校記〕

〔一〕隅,《御覽》無。

林檎

南國多林檎。(《藝文類聚》卷八十七、《(至順)鎮江志》卷三。)

園多林檎。(《太平御覽》卷九百七十一。)

北固山

回嶺入江,懸水峻壁。(《太平御覽》卷四十六、《太平寰宇記》卷八十九。)

北固山,廻嶺入江,懸水峻壁,北望海口,實爲壯觀,因名北固。(《新定九域志》卷五。)

回嶺入江,垂水峻壁。(《(嘉定)鎮江志》卷六。)

馬蹄山

石峴東連馬蹄山,山上石有馬蹄跡,因以爲名。(《太平御覽》卷四十六。)

貴洲

嘉子洲西一里,得貴洲,周廻四十里許,上多有居民。昔魏文帝伐孫權至此洲,南望曰「彼人有焉」而退,因名曰貴洲。(《太平御覽》卷六十九。)

謝玄故宅

長村東太瀆,瀆北有謝玄故宅。(《太平御覽》卷一百八十。)

劫亭湖

劫亭湖亭通阿湖陵，郡治丹徒縣八縣，來往經過此湖中多劫，於邊立亭，因以爲名。（《太平御覽》卷一百九十四。）

虎社

虎社中村，老故相傳云：昔有虎於社中產，因以爲名。（《太平御覽》卷五百三十二。）

小昇城

有小昇城。（《太平御覽》卷一百九十三。）

小崗

城北四十餘里，有小崗，高二丈許，有人鼻形，著崗西頭，有口在上，而鼻在下，方圓數尺，狀如燋土，古老相傳，因名下鼻，今無復鼻，厥口猶在。（《藝文類聚》卷六。）

有小墩，東西長高二丈，有人鼻形，著墩，有頭，又有口在上，鼻在下。（《（至順）鎮江志》卷七。）

柑樹

京城東門射堂前，柑樹十餘株。（《太平御覽》卷九百六十六。）

丁卯港

（丁卯港）在城南三里，即晉所立丁卯埭。（《輿地紀勝》卷七。此條，《輿地紀勝》言出《京口志》。或即《京口記》。）

存疑

銀杏

勝果寺禪堂前，銀杏一株，巨甚，僧云宋植也。（《御定佩文齋廣群芳譜》卷五十九。按，此條，《廣群芳譜》言出自《京口記》，然勝果寺爲隋時所建，而劉損爲劉宋時人，其必不爲一書。）

鱸

鱸有二種，曰脆鱸，曰爛鱸。（《格致鏡原》卷九十二。此條，《格致鏡原》言

出自《京口錄》，不知是否即《京口記》。）

練湖

練湖，在丹陽縣，一名練塘。（《駢字類編》卷一百七十四、《佩文韻府》卷七之五。此條，二書均言出自《京口記》，但宋以前書均不載出處。不知此條是否即劉損《京口記》。）

《錢塘記》　　宋劉道眞

劉道眞《錢塘記》，卷亡，史志不著錄。劉道眞，劉宋時人，生卒年、里籍未詳，晏殊《類要》云其元嘉年間爲錢塘令。《（咸淳）臨安志》載：「宋元嘉十三年，文帝遣揚州治中從事巡行上表曰：錢唐令劉道眞、餘杭令劉道錫爲二邦之首，最治民之良宰。」《建康實錄》載其宋文帝時爲漢川刺史。錢塘，漢置，即今浙江杭州。《錢塘記》，南宋時方志多徵引，南宋後漸亡。清人勞格《讀書雜識》卷六有輯，王仁俊《玉函山房輯佚書續編》輯得劉道眞《錢塘記》數條，全出勞書。今人劉緯毅《漢唐方志輯佚》亦輯是書。

防海大塘

防海大塘在縣東，去邑一里。〔一〕往時郡議曹華家信富，乃議立此塘以防海水，〔二〕始開募，有能運土石一斛，即與錢一升。〔三〕旬日之間，來者雲集〔四〕，塘未成而譎不復取，〔五〕於是載土石者棄置而去，〔六〕塘以之成，〔七〕既遏絕潮源，一境蒙利也。〔八〕（《太平御覽》卷七十四。又見《水經注》卷四十、《太平御覽》卷四百七十二、《太平御覽》卷八百三十六、《雲麓漫鈔》卷五。此條，唐宋時書徵引者較多，文字差異較大者，單獨出校。）

〔校記〕

〔一〕此句，《水經注》作「防海大塘在縣東一里許」，《御覽》卷四百七十二作「防海塘去邑一里」，《御覽》卷八百三十六作「防海大塘」。

〔二〕此二句，《水經注》、《雲麓漫鈔》作「郡議曹華信家議立此塘，以防海水」，《御覽》卷四百七十二作「郡議曹華信家富，立此塘以防海水」，《御覽》卷八百三十六作「郡議曹華信象家富，乃議立此塘，以防海水」。

〔三〕此二句，《水經注》、《雲麓漫鈔》作「始開募有能致一斛土者，即與錢一千」，《御覽》卷四百七十二作「始開募，有能致土一石即與錢一升」，《御覽》卷八百三十六作「信

始開募，有致土石一斛，即與錢一斗」。

〔四〕旬日，《水經注》、《雲麓漫鈔》作「旬月」。

〔五〕此句，《水經注》、《雲麓漫鈔》作「塘未成而不復取」，《御覽》卷八百三十六作「塘
　　　未成，而誦云不復取」。

〔六〕此句，《水經注》、《雲麓漫鈔》作「於是載土石者皆棄而去」，《御覽》卷四百七十二
　　　作「皆棄置而去」，《御覽》卷八百三十六「於是載土者皆棄置而去」。

〔七〕此句後，《水經注》、《雲麓漫鈔》以「故改名錢塘焉」結，《御覽》卷四百七十二以
　　　「於是改爲錢塘」結。

〔八〕此二句，《御覽》卷八百三十六作「既遏絕湖漁，一竟蒙利」，其後有「縣遷治餘姚」
　　　句。

昔縣境逼近江流縣，〔一〕在靈山下，〔二〕至今基趾猶存。〔三〕郡議曹華信
乃立塘以防海水，〔四〕募有能致土石者〔五〕，即與錢。〔六〕及成〔七〕，縣境蒙
利，乃遷此地〔八〕，於是爲錢塘縣。〔九〕（《太平御覽》卷一百七十。又見《元和
郡縣志》卷二十六、《太平寰宇記》卷九十三、《輿地紀勝》卷二、《（淳佑）臨安志》
卷五、《後漢書·皇甫嵩朱儁列傳》李賢等注。）

〔校記〕

〔一〕此句，《元和郡縣志》作「昔州境逼近海縣」，《太平寰宇記》、《（淳佑）臨安志》作
　　　「昔一境逼近江流縣」，《輿地紀勝》作「昔邑境徧近江流縣」，《後漢書》注無此句。

〔二〕此句，《元和郡縣志》、《輿地紀勝》作「理靈隱山下」，《後漢書》注無此句。

〔三〕此句，《元和郡縣志》作「今餘址猶存」，《太平寰宇記》作「至今基址猶在」，《輿地
　　　紀勝》、《後漢書》注無此句。

〔四〕此句，《輿地紀勝》作「初功曹華信議立塘以防海水」，《後漢書》注作「昔郡議曹華
　　　信義議立此塘以防海水」，《（淳佑）臨安志》以「華信作塘成，乃遷此地爲錢塘縣」
　　　作結。

〔五〕者，《輿地紀勝》無。此句，《後漢書》注作「始開募有能致土石」。

〔六〕此句，《輿地紀勝》作「一斛與千錢」，其後以「旬月之間，來者雲集，塘未成，譌
　　　不復取，皆棄土石而去，塘遂成，因號錢塘」結。《後漢書》注作「一斛與錢一千」，
　　　其後以「旬日之間，來者雲集，塘未成，而譌不復取，皆遂棄土石而去，塘以之成
　　　也」結。

〔七〕及成，《元和郡縣志》作「及塘成」。

〔八〕遷，《元和郡縣志》作「遷理」。

〔九〕此句，《元和郡縣志》作「於是改爲錢塘」，《太平寰宇記》作「因是爲錢塘縣」。

議曹華信家富，議立防海塘。始開募，有致土石一斛，即與錢一斗。旬
日間，來者如雲。塘未成，而謬云不復取土，於是載土者皆棄置而去。塘成，
遇絕湖魚，一境蒙利。縣本名泉亭，於是改錢塘。百姓懷德，立碑塘所。（《事

類賦注》卷十。）

縣近海，爲潮漂沒，縣諸豪姓，斂錢雇人，輂土爲塘，因以爲名也。（《世說新語·雅量》劉孝標注。）

防海大塘，其初立時，募致土一斛者與錢一千，故號錢塘。（《常談》。）

靈隱山石穴

靈隱山北有石穴〔一〕，傍入，行數十步〔二〕，有水廣丈餘〔三〕，昔有人採鍾乳，見龍跡〔四〕，聞穴裏隆隆有聲便出〔五〕。（《北堂書鈔》卷一百五十八。又見《太平御覽》卷五十四、《太平御覽》卷九百八十七。）

〔校記〕

〔一〕此句，《御覽》卷九百八十七作「靈隱山北有穴」。

〔二〕傍，《御覽》卷九百八十七作「旁」。

〔三〕水，《御覽》卷九百八十七作「清流水」。

〔四〕此句，《御覽》卷九百八十七作「水際見異跡，或云是龍跡」。

〔五〕此句，《御覽》卷五十四作「聞穴里搔搔有聲出」，《御覽》卷九百八十七其後有「不測所採近遠」句。

臨平山

臨平山在縣東，周四十五里，去邑五十里，山弦石，遠近資用，鑿穴傍入，深至數十丈。（《北堂書鈔》卷一百五十八。）

明聖湖

明聖湖在縣南〔一〕，父老相傳：湖中有金牛，古嘗有見其映寶雲泉〔二〕，照耀流精，神化莫測，遂以明聖爲名。（《初學記》卷七。又見《（淳佑）臨安志》卷十、《密齋筆記》卷五。）

〔校記〕

〔一〕此句，《（淳佑）臨安志》作「湖在縣南二百步」。

〔二〕雲，《（淳佑）臨安志》、《密齋筆記》作「靈」。

明聖湖在縣南，去縣三里，父老相傳，湖有金牛。（《藝文類聚》卷九。）

明聖湖在縣南，去縣三里，父老相傳：有金牛時見，神化莫測，故以明聖垂名。（《太平御覽》卷六十六。）

明聖湖有金牛，常有見者，神化莫測，遂以名湖。（《太平御覽》卷九百。）

湖在縣南二百步，父老相傳，湖中嘗有金牛見，遂以明聖爲名。（《（咸淳）

臨安志》卷三十四。）

明聖湖在縣南一百步，又仁和東十八里亦有此湖之名。仁和縣東北十八里，有湖名曰御息。故老相傳秦始皇東遊。暫憩於此。故以名之。（《夢梁錄》卷十二。）

詔息湖

去邑十里有詔息。古老相傳：昔秦始皇巡狩，經塗暫憩，因以詔息爲名。（《初學記》卷七。）

石甌

縣西有姥山〔一〕，絕嶺之上有石甌，一人搖輒動，與千人不異〔二〕。（《太平御覽》卷四十六。又見《太平寰宇記》卷九十一。）

〔校記〕

〔一〕西，《太平寰宇記》作「東」。

〔二〕此句，《太平寰宇記》作「與千人搖不異也」。

石姥山有一石甌，厥狀殊似，居絕嶺之巔，大數十圍，下有三石足支之。（《太平御覽》卷四十六。）

石姥山有甌，大數十圍，下有三石支足。一人搖之輒動，縱使千百人引之，與一人不異。（《太平御覽》卷七百五十七。）

桓玄之難

桓玄之難，湖水色赤，熒熒如丹。湖水上通浦陽江，下注浙江，名曰東江，行旅所從，以出浙江也。（《水經注》卷四十。）

臨平湖

湖開，吳之未亡也。吳郡臨平湖，一旦自開，湖邊得石函，中有小青石，刻作皇帝字。舊言，臨平湖塞，天下亂，開則天下太平，吳人以爲美祥，俄而吳滅，後元帝興於江左，《宋書》：桓玄之難，湖水色赤，熒熒如丹。（《天中記》卷十。）

峴山

縣東南有峴山，長老相傳，採金於此。（《太平御覽》卷八百一十一。）

靈隱山

靈隱山四布似蓮花，中央生穀樹，甚高大。（《太平御覽》卷九百六十。）

穀樹

靈隱山穀樹，樹下生菶，鬱茂若沃土所生。(《太平御覽》卷九百九十七。)

蓮華

峰頂有孤石，可四十圍，頂上四開，狀似千葉蓮花。(《(淳佑) 臨安志》卷八、《(咸淳) 臨安志》卷二十三。)

子胥祠

伍子胥累諫吳王，賜屬鏤劍而死，臨終，戒其子曰：「懸吾首於南門，以觀越兵來。以鮧魚皮裹吾尸，投於江中，吾當朝暮乘潮，以觀吳之敗。」自是自海門山，潮頭洶高數百尺，越錢塘漁浦，方漸低小。朝暮再來，其聲震怒，雷奔電走百餘里。時有見子胥乘素車白馬在潮頭之中，因立廟以祠焉。盧州城內淝河岸上，亦有子胥廟。每朝暮潮時，淝河之水，亦鼓怒而起，至其廟前，高一二尺，廣十餘丈，食頃乃定。俗云：與錢塘江水相應焉！(《太平廣記》卷二百九十一。)

石膏山

山出石膏，色若雪。又縣治亥地有獄，獄中亦有石膏，雨霽時出，藥用爲最。一名稽留山，無毒獸惡蟲。(《太平寰宇記》卷九十三。)

武林山

吳郡有虎林山，昔秦漢閑有白虎常踞於其巔，其虎不食生物，唯飲澗泉而已。(《(淳佑) 臨安志》卷八。)

武林山

武林山即靈隱山也。(《(淳佑) 臨安志》卷八。按，《淳佑臨安志》卷八云：錢塘令劉道眞《錢塘記》、太子文學陸羽《靈隱天竺寺記》、翰林學士夏竦《靈隱寺舍田記》、翰林學士胡宿《武林山天竺寺記》皆云：「武林山即靈隱山也。」茲將其列於此。)

存疑

西湖

錢塘湖，一名上湖，周廻三十里，北有石函，南有筧，凡放水溉田，每減一寸可溉十五餘頃，每一復時可溉五十餘頃。此州大抵春多雨，夏秋多旱，

若堤防如法，蓄洩及時，即瀕湖千餘頃田，無凶年。(《(淳佑) 臨安志》卷十。此條，《臨安志》僅言爲「記云」，不知是否出自《錢塘記》。)

石鼓湖

石鼓湖在杭州府城東北桐扣山下。晉武帝時，岸崩，出一石鼓，扣之無聲，張華命取蜀中桐木，刻魚形扣之，聲聞數里。(《御定淵鑒類函》卷三十二。此條，《淵鑒類函》言出《錢塘記》，《方輿考證》卷七十三、《顧亭林先生詩箋注》卷一則言出自劉向《異苑》。)

臨平湖

臨平湖在鹽官，亙五十里。晉武帝咸寧中，有星孛於大角。占者云，吳臨平湖自漢末壅，至是當開。(《御定淵鑒類函》卷三十二。此條，《淵鑒類函》言出自《錢塘記》，《海錄碎事》卷三、《陳檢討四六》卷九序言出自《圖經》。)

《臨川記》　宋荀伯子

荀伯子 (377-438)，穎川穎陰 (今河南漯河) 人，《宋書》卷六十一有傳。祖羨，驃騎將軍；父猗，祕書郎。伯子少好學，博覽經傳，而通率好爲雜戲，遨遊閭里，故以此失清塗，解褐爲駙馬都尉奉朝請、員外散騎侍郎、著作郎。徐廣重其才學，舉伯子及王韶之並爲佐郎，助撰《晉史》，及著桓玄等傳，遷尚書祠部郎。後爲世子征虜功曹、國子博士，妻弟謝晦薦達之，入爲尚書左丞。出補臨川內史，遷散騎常侍，本邑大中正，出補司徒左長史，東陽太守，元嘉十五年卒官，時年六十一。荀伯子《臨川記》，卷亡，史志不載，《(康熙) 江西通志》卷六十二言「《通志》稱伯子在郡時，作《臨川記》六卷」，宋鄭樵《通志》不載此書，不知此處所言《通志》作者爲誰。《(嘉慶) 大清一統志》卷三百二十三亦言荀伯子《臨川記》六卷。是書北宋諸書多徵引，或其時仍存，南宋諸書所引條目無出北宋諸書外者，或其時已亡。劉緯毅《漢唐方志輯佚》輯是書條目數則。

石廩

石廩狀似倉廩〔一〕，其內〔二〕可容千斛，廩口開則歲儉，閉則年豐。(《太平御覽》卷五十二。又見《北堂書鈔》卷一百六十、《事類賦注》卷七。)

〔校記〕

〔一〕狀似倉廩，《北堂書鈔》、《事類賦》無。

〔二〕內，《北堂書鈔》、《事類賦》作「中」。

廩口開則歲豐〔一〕，閉則歲儉〔二〕。(《太平寰宇記》卷一百一十。又見《輿地紀勝》卷二十九、《新定九域志》卷六、《方輿勝覽》卷二十一。)

〔校記〕

〔一〕豐，《輿地紀勝》作「儉」，《新定九域志》、《方輿勝覽》作「歉」。

〔二〕儉，《輿地紀勝》作「豐」，《新定九域志》、《方輿勝覽》作「豐」。

溫泉

臨川縣出溫泉。(《初學記》卷七。)

東興人家

東興人家，曾以木〔一〕甌沉〔二〕井中，乃流出達〔三〕樊溪，甘渚得之〔四〕。此泉穴相通也。〔五〕(《初學記》卷八。又見《太平寰宇記》卷一百一十、《輿地紀勝》卷三十五、《錦繡萬花谷》後集卷六。)

〔校記〕

〔一〕木，《太平寰宇記》無。

〔二〕沉，《輿地紀勝》作「墜」，《太平寰宇記》作「漬」。

〔三〕達，《太平寰宇記》、《錦繡萬花谷》作「連」，《輿地紀勝》無。

〔四〕得之，《輿地紀勝》無。

〔五〕此句，《太平寰宇記》、《輿地紀勝》無。

五章山

五章山絕巖嶮峭，有蜜蜂依之爲房。其形如笠，望〔一〕者皆懸磴數丈〔二〕，然後得至其所〔三〕。(《初學記》卷八。又見《太平御覽》卷四十八、《錦繡萬花谷》後集卷六。)

〔校記〕

〔一〕望，《太平御覽》作「採」，《錦繡萬花谷》作「登」。

〔二〕數丈，《太平御覽》作「數十丈」。

〔三〕得至其所，《太平御覽》作「獲之」。

英巨山

虛谷〔一〕東英巨山巖內，有石人坐磐石上。體上塵穢則興風，濕〔二〕潤則致雨，晴日便舉體鮮潔〔三〕、朗然玉淨〔四〕。（《初學記》卷八。又見《錦繡萬花谷》後集卷六、《東坡先生物類相感志》卷三。）

〔校記〕

〔一〕虛谷，《東坡先生物類相感志》作「靈國」。

〔二〕濕，《東坡先生物類相感志》作「溫」。

〔三〕鮮潔，《東坡先生物類相感志》作「鮮明」。

〔四〕朗然玉淨，《東坡先生物類相感志》作「玉淨朗然」。

巖內有石人，坐磐石上，人體有塵穢則興風，潤則致雨，晴日遍體涼朗〔一〕，如玉瑩淨。（《太平寰宇記》卷一百一十。又見《輿地紀勝》卷二十九。）

〔校記〕

〔一〕涼朗，《輿地紀勝》作「清涼」。

巖內有石人，坐盤石上，體有塵穢則興風雨洗訖，晴日遍體絜朗，如玉瑩淨，民以爲準焉。（《太平御覽》卷四十八。）

楓子鬼

麻〔一〕姑山上人登之，有物人形，眼鼻口面無臂脚，俗名之〔二〕楓子鬼也。（《初學記》卷八。又見《錦繡萬花谷》後集卷六。）

〔校記〕

〔一〕麻，《錦繡萬花谷》作「磨」。

〔二〕名之，《錦繡萬花谷》作「呼爲」。

麻山，或有登之者〔一〕，望廬嶽、彭蠡皆在其下，有〔二〕黃連、厚朴、恒生焉。又有楓樹及數千年者，如人形，眼鼻口全而無臂脚〔三〕，入山〔四〕往往見之，或斫之者，皆〔五〕出血。人以籃冠其頭，明日看，輒失籃〔六〕。俗名〔七〕楓子鬼。其山竹木稠密如麻，因名麻山。〔八〕（《太平御覽》卷四十八。又見《太平寰宇記》卷一百一十。）

〔校記〕

〔一〕此二句，《太平寰宇記》作「登之者」。

〔二〕有，《太平寰宇記》作「出」。

〔三〕脚，《太平寰宇記》無。

〔四〕入山，《太平寰宇記》作「入山者」。

〔五〕皆，《太平寰宇記》作「即」。

〔六〕此三句，《太平寰宇記》無。

〔七〕名，《太平寰宇記》作「呼爲」。

〔八〕此二句，《太平寰宇記》無。

撫州麻姑山，或有登者，望之，廬嶽彭蠡，皆在其下。有黃連厚朴。恒山楓樹，數千年者，有人形，眼鼻口臂而無脚，入山者見之，或有斫之者，皆出血，人皆以藍冠於其頭，明日看，失藍，爲楓子鬼。（《太平廣記》卷四百零七。此條，《太平廣記》轉引自《十道記》。）

靈谷山

懸巖半岫有瀑飛流〔一〕，分於木末，映日望之如掣練。（《太平寰宇記》卷一百一十。又見《輿地紀勝》卷二十九、《方輿勝覽》卷二十一。）

〔校記〕

〔一〕此句，《輿地紀勝》作「瀑飛流」，《方輿勝覽》作「有瀑流」。

石龍山

石龍山有巖，其下有石，形隱起似龍，頭尾長一丈二尺。（《太平御覽》卷五十二。）

鹽池

崇仁縣有鹹池。（《太平御覽》卷六十七。）

王右軍故宅

王〔一〕右軍故宅，其地爽塏，山川若畫，每至〔二〕重陽日，二千石已下〔三〕多遊萃於斯。舊井及墨池並在〔四〕。（《太平御覽》卷一百七十。又見《錦繡萬花谷》卷六。）

〔校記〕

〔一〕王，《錦繡萬花谷》無。

〔二〕至，《錦繡萬花谷》無。

〔三〕已下，《錦繡萬花谷》無。

〔四〕此句，《錦繡萬花谷》作「舊宅及墨池猶存」。

王〔一〕羲之嘗爲臨川內史，置宅於郡城東高坡，名曰新城。旁臨迴〔二〕溪，特據層阜，其地爽塏，山川如畫。（《太平寰宇記》卷一百一十。又見《輿地紀勝》卷二十九。）

〔校記〕

〔一〕王，《輿地紀勝》無。

〔二〕廻，《輿地紀勝》作「迴」。

甘渚

撫州地名曰甘渚。（《書敍指南》卷十四。）

存疑

楓人

嶺南楓木歲久生瘤，如人形，遇雷驟雨則暗，長三五尺，謂之楓人。（《本草綱目》卷三十四。此條，明前書不見徵引，其與《初學記》卷八等所引「楓子鬼」條類，當即後代人有所增補而致。）

變池

崇仁縣有鹽池，相傳陳司空黃法𣰰有奇術，嘗欲變置鹽池於家山之下，幅員六十餘畝，至今水味獨鹹於他水，而湛然清澈，禽畜不敢觸之。（《天中記》卷四十一。此條，明前書不見引，《天中記》言出《臨川記》，姑置於此。）

《安城記》　宋王孚

《安城記》（又名《安成記》）。史志未著錄。《北堂書鈔》、《藝文類聚》、《初學記》、《太平寰宇記》、《太平御覽》諸書徵引此書，其作者，或署王孚，或署王烈之。今人劉緯毅先生《漢唐方志輯佚》「《安城記》」條下注云王孚爲南朝人，「里籍未詳」。經筆者考索，得知南朝有兩個王孚，皆見於沈約《宋書》。一王孚見於《宋書》卷一百《自序》，其生活於劉宋前期，安城郡（今江西安福東南人），有學業，志行見稱鄉里。一王孚見於《宋書》卷八十五《王景文傳》，他生活於劉宋中後期，琅邪臨沂（今屬山東）人，王景文侄子，大明末爲海鹽令，泰始初支持朝廷平叛，官至司徒記室參軍；未有在安城任職的經歷。由此可以斷定，《安城記》爲南朝宋代安城郡人王孚所撰。「烈之」似爲其字。

新山

新山周迴十里，樵人常聞雷聲，在山下俯看，初霧氣大如扇，須臾，震霆彌漫數百里，山上日晴朗也。(《北堂書鈔》卷一百五十一。)

羅霄山石井

萍鄉〔一〕羅霄山，澤水所出，水〔二〕傍出石乳。天旱，吏人禱之〔三〕，因〔四〕以大木長三四丈投井中〔五〕，即雨。水懸湊井溢，輒令木湧出，而雨止，〔六〕蓋潛龍之穴也〔七〕。以陽居陰，神精上通，故扣之而必有玄感，則《蜀都賦》云「應鳴鼓而興雨」者也。〔八〕(《太平御覽》卷四十八。又見《太平寰宇記》卷一百零九、《輿地紀勝》卷二十八。)

〔校記〕

〔一〕《輿地紀勝》「萍鄉」後有「之」字。

〔二〕水，《太平寰宇記》、《輿地紀勝》無。

〔三〕此句，《輿地紀勝》無；禱，《太平寰宇記》作「祀」。

〔四〕因，《輿地紀勝》無。

〔五〕中，《太平寰宇記》無。

〔六〕此三句，《輿地紀勝》作「井溢，浮木而出，止。」並以此結。

〔七〕也，《太平寰宇記》作「宅」。

〔八〕「以陽居陰」數句，《輿地紀勝》無。

羅霄〔一〕山有石井，天旱祠〔二〕之，以木投井〔三〕中〔四〕即雨；至井溢木〔五〕出，乃雨止〔六〕。(《初學記》卷八。又見《海錄碎事》卷二、《錦繡萬花谷》後集卷六、《東坡先生物類相感志》卷二。)

〔校記〕

〔一〕霄，《錦繡萬花谷》、《東坡先生物類相感志》作「宵」。

〔二〕祠，《海錄碎事》作「祀」。

〔三〕井，《海錄碎事》無。

〔四〕中，《東坡先生物類相感志》無。

〔五〕木，《東坡先生物類相感志》作「水」。

〔六〕乃雨止，《海錄碎事》、《東坡先生物類相感志》作「雨乃止」。

玉女岡

萍鄉西津里〔一〕南五里，山名玉女岡〔二〕，天氣當〔三〕雨，水輒先湧出，石開〔四〕而有五色玄黃，百姓謂之「玉女披衣」。(《藝文類聚》卷六。又見《太平御覽》卷五十三。)

〔校記〕

〔一〕里，《太平御覽》無。

〔二〕玉女岡，《太平御覽》作「女岡」。

〔三〕當，《太平御覽》作「將」。

〔四〕開，《太平御覽》作「門」。

萍鄉西城津，有玉女岡，天當雨，輒先涌五色氣於石間，俗謂玉女披衣。（《事類賦注》卷三。）

玉女岡，天欲雨，水便湧出於石間。色有玄黃，故人謂之玉女披衣。（《編珠》卷一。）

萍鄉南五里山名玉女崗，天當雨，水先湧出五色，百姓謂之玉女披衣。（《北堂書鈔》卷一百五十七。）

萍鄉西津名玉女岡，天當雨，輒先涌五色氣於石間，俗謂「玉女披衣」。（《太平御覽》卷十。）

新茨之野

昔豫章太守賈萌與安城侯張普爭〔一〕境〔二〕，戰於新茨之野，即茲地也。〔三〕（《初學記》卷八。又見《太平寰宇記》卷一百零九、《錦繡萬花谷》後集卷六。）

〔校記〕

〔一〕爭，《太平寰宇記》作「征」。

〔二〕境，《錦繡萬花谷》作「壦」，《太平寰宇記》無。

〔三〕此句，《太平寰宇記》無。

茨野

吉州地名曰茨野。（《書敘指南》卷十四。）

落亭石

郡〔一〕渚江川，發源同會。落亭石，上有芝草，下有紫磨金〔二〕。（《初學記》卷八。又見《太平寰宇記》卷一百零九、《錦繡萬花谷》後集卷六。）

〔校記〕

〔一〕郡，《太平寰宇記》作「落亭郡」。

〔二〕紫磨金，《太平寰宇記》作「紫金」。

米砂

鍾山臨水阻峽〔一〕，春夏則湍洑沸涌〔二〕，瀆〔三〕上白沙如米，兩岸各十

餘斛，呼曰米砂，〔四〕以之候歲。若一岸偏饒，則其方豐穰。〔五〕（《初學記》卷八。又見《太平御覽》卷四十八、《太平寰宇記》卷一百零九、《錦繡萬花谷》後集卷六。）

〔校記〕

〔一〕峽，《太平寰宇記》作「峻」。

〔二〕沸湧，《太平御覽》、《太平寰宇記》作「湧沸」。

〔三〕漬，《太平寰宇記》作「噴」。

〔四〕此二句，《太平御覽》、《太平寰宇記》作「兩岸石上各九十餘里。」

〔五〕《太平御覽》、《太平寰宇記》此句後有「民以爲準」句。

新喻縣有水湍沸湧，有白砂如米，雨岸各數十斛，百姓呼爲米砂，以之候歲，若一岸偏饒者，則其方之鄉豐穰也。（《北堂書鈔》卷一百五十六。）

袁州有水，春交則上白沙如米，於兩岸九十餘里，呼爲米沙，若一岸遍米，其方豐熟。（《太平御覽》卷七十四。）

其山臨水，兩岸湍狀，有沙如米，若一岸沙湧，則其方豐穰。（《方輿勝覽》卷十九。）

讀書齋

太〔一〕和中，陳郡殷府君，引水入城穿池，殷仲堪又於池北立小屋讀書，百姓於今〔二〕呼曰「讀書齋」。（《藝文類聚》卷六十四。又見《太平御覽》卷一百八十五、《玉海》卷一百七十五。）

〔校記〕

〔一〕太，《太平御覽》作「大」。

〔二〕於今，《玉海》無。

晉殷仲堪爲安成太守〔一〕，於郡西太池〔二〕之上築臺讀書。今〔三〕遺址尚存，頗有勝境。〔四〕（《太平寰宇記》卷一百零九。又見《方輿勝覽》卷二十。）

〔校記〕

〔一〕此句，《方輿勝覽》作「仲堪爲守」。

〔二〕郡西太池，《方輿勝覽》作「城西大池」。

〔三〕今，《方輿勝覽》無。

〔四〕此句，《方輿勝覽》無。

謝廩

縣人有〔一〕謝廩者，行田歸路中〔二〕，忽遇雲霧。霧〔三〕中有一人，乘龜而行。廩知神人〔四〕，拜請求隨去〔五〕。父〔六〕曰：「汝無仙骨，不得去也

〔七〕。」(《初學記》卷二。又見《太平御覽》卷十五、《事類賦注》卷三、《橘山四六》卷十五。)

〔校記〕

〔一〕有，《事類賦注》無。

〔二〕此句，《事類賦注》作「行路中」，《橘山四六》作「行日」。

〔三〕霧，《橘山四六》作「之」。

〔四〕神人，《太平御覽》作「爲神人」。

〔五〕請求隨去，《太平御覽》作「請隨去」，《橘山四六》作「求隨去」。

〔六〕父，《事類賦注》作「人」，《橘山四六》無。

〔七〕此句，《橘山四六》作「不得也」，《事類賦注》無。

府君

府君諱保，如今樹梧於苞兩邊，柯葉菴藹，炎暑爲之清涼，百姓列宅其間。(《藝文類聚》卷八十八。)

素石

石室中有素石數斛，狀如雀頭，甘潤虛脆，殆可噉。(《太平御覽》卷五十二。)

宜陽溫泉

宜陽南鄉出溫泉。(《初學記》卷七。)

宜陽縣南鄉有溫泉焉，以生雞卵投其中，熟如煮也。(《太平御覽》卷七十一。)

郡城門

郡大城舊有六門，今爲八。(《太平御覽》卷一百八十三。)

都區寶

平郡區寶者，後漢人。居父喪，鄰人格虎，虎走趨其孤廬中，即以蓑衣覆藏之。鄰人尋跡問寶，寶曰：「虎豈有可舍而藏之乎？」此虎後送禽獸以助寶祭。孝慈之志，通於神明。由是知名。(《太平御覽》卷八百九十二。)

安成郡稻

安成郡毛亭往同亭三十里，〔一〕二亭〔二〕田疇膏腴，厥稻馨香，飯若凝脂。(《初學記》卷二十六。又見《太平御覽》卷八百五十。)

〔校記〕

〔一〕此二句，《太平御覽》作「安成郡毛亭二十里」。

〔二〕二亭，《太平御覽》無。

宜春醇酎

宜春醇酎，隨歲入貢。（《輿地紀勝》卷二十八、《方輿勝覽》卷十九。此條，《方輿勝覽》言出王烈《記》，王烈，當即王烈之。）

符表

縣有孝子符表，以孝聞天下。年十六，其母姜氏有疾，侍省晝夜，數十日。母一食，表亦一食；母不食，表亦不食。見母將絕，至慟成咽〔一〕，迺至殞。〔二〕俄頃，母死〔三〕亦沒，一日二喪在殯，葬於四望岡。太守王府君樹雙旌〔四〕闕，以表其墓。（《初學記》卷十七。又見《太平御覽》卷四百一十四。）

〔校記〕

〔一〕至慟成咽，《太平御覽》作「至性感咽」。

〔二〕此句，《太平御覽》作「而至於殞」。

〔三〕死，《太平御覽》作「父」。

〔四〕旌，《太平御覽》作「土」。

蜜崗

郡東有山，百姓呼曰蜜崗，蜜焉。（《太平御覽》卷八百五十七。）

安福縣

縣本有兩鄉，漢縣理西鄉，即張普所理之地。吳又移於東鄉置郡，縣亦移焉。至晉武改曰安復城。（《太平寰宇記》卷一百零九。）

廢安福縣，張普所造也。（《太平寰宇記》卷一百零九。）

安成王

宋明帝封皇太子準，齊高帝封皇太子嵩，梁武帝封皇帝秀，陳文帝封皇帝項，俱爲安成王，皆此城也。（《太平寰宇記》卷一百零九。按，此條言及齊、梁事，似爲後人所增。）

浮塈

有落亭，與浮塈相近，縣童曹翶得仙之所。（《太平寰宇記》卷一百零九。）

司馬道子墓

桓玄徙司馬道子於安成，元興元年九月至平都，十二月晦，鴆之，墳在縣東。(《太平寰宇記》卷一百零九。)

復山

復山有石室，虛間幽深。又一石室，水流乎其中，所謂石室相距。(《太平寰宇記》卷一百零九。)

存疑

荊州之境

荊州之境合帶蠻蜑，土地遼延，稱爲殷曠。江左大鎮，莫過荊揚，若非時望名賢，不居此郡。(《太平寰宇記》卷一百四十六。此條，《寰宇記》言出《安□記》，中間字闕，不知是否爲《安城記》。)

搗石村

石廣四尺，長倍之，其色瑩黛。(《方輿考證》卷五十六。按，此條，清前書徵引未有言出《安成記》者，唯《方輿考證》言出《安成記》。)

洞陽

洞陽山，州從事黃仁覽全家於此上昇。(《佩文韻府》卷二十二之一。此條，《佩文韻府》言出王孚《安城記》。此條，清前書不見徵引，王孚《安成記》清時應亡，不知《佩文韻府》此條據何書而得。)

元陽洞

復山在永新，上有二石室，距二十里有石廊，去石廊十里乃元陽洞也。(《佩文韻府》卷二十二之一。此條，清前書不見徵引，王孚《安成記》清時應亡，不知《佩文韻府》此條據何書而得。)

半月履

趙廷芝，安成人，作半月履，裁千紋布爲之，托以精銀，繢以絳蠟，唐輔明過之，奪取以貯酒，已乃自飲。廷芝問之，答曰：「公器皿太微，此履有滄海之積耳。」(《雲仙雜記》卷二。此條，《雲仙雜記》言出犺豐居士《安成記》，《雲仙雜記》其書多僞，此條所引應不爲王孚《安成記》，或是《雲仙雜記》作者杜撰條

目又附會作者而成。）

黃昇

黃昇日享鹿肉三斤，自晨煮至日影下門西，則喜曰：「火候足矣。」如是四十年。（《雲仙雜記》卷三。此條，《雲仙雜記》言出《安成記》，茲存疑。）

郭天民

郭天民巧思橫生，能摺書簡，反覆如栢葉狀，鄉人謂之「仙人栢葉書」。（《雲仙雜記》卷七。此條，《雲仙雜記》亦言出《安成記》，茲存疑。）

五六峰

宜都、建平二郡之界有五六峰，參差互出，上有倚石如二人像，攘袂相對，俗謂二郡督郵爭界於此。（《說郛》宛委山堂本卷六十一。此條，他書有言出《幽明錄》者，有言出盛弘之《荊州記》者，《說郛》言出王孚《安城記》，茲存疑。）

都泉

安城南三十里霭都泉，其霭或出，否亦不爲靈異。（《說郛》宛委山堂本卷六十一。此條，《初學記》卷二所引與此類，言出伏琛《齊地記》。元前書徵引時未有言出《安城記》者，《說郛》此條不知從何處輯得。）

《鄒山記》　宋劉薈

劉薈《鄒山記》，卷亡，史志不載。劉薈，《隋書·經籍志》言其劉宋時嘗爲寧國令。《隋書·經籍志》另載有《劉薈集》七卷。劉薈《鄒山記》，唐宋時書徵引數條。鄒山，今名嶧山，屬山東鄒城。

邾城

邾城在山南，去山二里，城東門外有韋賢墓，北有繹山。（《後漢書·郡國志二》劉昭注補。）

邾城在魯國鄒縣鄒山之南，去山二里。《左傳·文十三年》：「邾遷於繹。」即此城也。（《資治通鑒補》卷九十三。）

黃河

黃河去鄒山二百餘里，望之如瀑練。(《編珠》卷一。)

鄒山

鄒山，古之嶧陽〔一〕，魯穆公改爲鄒〔二〕。今鄒山嶧陽，猶多桐樹。(《藝文類聚》卷八十八。又見《初學記》卷二十八、《太平御覽》卷九百五十六。)

〔校記〕

〔一〕嶧陽，《初學記》、《太平御覽》作「嶧山」。

〔二〕鄒，《初學記》作「鄒山」。

鄒山，古之嶧山也。孤桐之所植，邾文〔一〕公之所卜。山下是鄒縣，本是邾國，魯穆公改鄒，山從邑變，故謂鄒山。嶧陽猶多桐樹。〔二〕(《太平御覽》卷四十二。又見《演繁露》卷十五。)

〔校記〕

〔一〕文，《演繁露》無。

〔二〕此句，《演繁露》無。

鄒山，即古繹山。邾文公所卜。鄒縣本邾國，魯穆改曰鄒，而山從邑變。(《路史》卷二十六。)

鄒山，古之嶧山，言絡繹相連屬也。今猶多桐樹。(《史記·夏本紀》張守節正義。)

鄒山，古之繹山。魯穆公改爲鄒山，繹陽猶多桐樹。(《詩地理考》卷五。)

鄒山，古之嶧山也。(《通鑒綱目》卷二上。)

徂徠山

徂徠山在梁甫、奉高、博三縣界，猶有美松，亦曰尤徠之山也。(《水經注》卷二十四。)

徂徠在梁甫，山多松栢。梁甫，新甫也。(《詩總聞》卷二十。)

嶧孔

山東西二十里，南北十三里，高秀獨出，積石相臨，殆無壤土。石間多孔穴，洞達相通，往往有如數間居處，其俗謂之嶧孔。(《演繁露》卷九。)

始皇刻碑

鄒山，蓋古之繹山。始皇刻碑處，文字分明。始皇乘羊車以上，其路猶

存。按此地，春秋時邾文公卜遷於繹者也。（《封氏聞見記》卷八。）

《宣城記》 紀義

紀義《宣城記》，卷亡，史志不載。紀義，生卒年、里籍未詳，此書，梁宗懍《荊楚歲時記》已引用，其應產生於晉宋時期。晉宋時宣城郡，治宣城縣，今安徽今縣。紀義《宣城記》，清王仁俊《玉函山房輯佚書補編》、王謨《漢唐地理書鈔》、劉緯毅《漢唐方志輯佚》皆輯是書。

洪矩

涇縣江矩吳時爲廬江太守，〔一〕有清稱〔二〕，征還，船輕載土，〔三〕時歲暮，逐除者就乞，〔四〕所獲甚少，〔五〕矩乃語之，〔六〕逐除人見土而去。〔七〕（《北堂書鈔》卷三十八。又見《太平御覽》卷三十七、《太平御覽》卷二百六十二、《太平御覽》卷五百三十。）

〔校記〕

〔一〕此句，《太平御覽》卷三十七作「江矩，吳時爲廬江太守」，《太平御覽》卷二百六十二作「涇縣洪短，吳時爲廬江太守」，《太平御覽》卷五百三十作「吳時洪臣爲廬陵太守」。

〔二〕有，《太平御覽》卷三十七、卷二百六十二作「以」。

〔三〕此句，《太平御覽》卷三十七、卷二百六十二、卷五百三十作「船輕，皆載土」。

〔四〕此句，《太平御覽》卷五百三十作「除逐人就乞」。

〔五〕此句，《太平御覽》卷五百三十無。

〔六〕此句，《太平御覽》卷三十七作「江乃語之」，《太平御覽》卷二百六十二作「洪乃語之」，《太平御覽》卷五百三十無。

〔七〕此句，《太平御覽》卷三十七作「逐除人見而去」，《太平御覽》卷五百三十作「除逐人就乞，見土而去」。

洪矩，吳時作廬陵郡，載土船頭，逐除人就矩乞，矩指船頭云：「無所載，土耳。」（《荊楚歲時記》。）

江矩，吳時爲廬江太守，清儉，徵還，船輕，皆以載土。（《北堂書鈔》卷七十五。）

舒姑泉

臨城縣南二十里有蓋山，登百許步有舒姑泉。俗傳云，有舒氏女，未適人，與其父析薪於此。女坐泉處，繂挽不動，遽告家。比還，唯見清泉湛然。母云：「女好音樂，乃作絃歌，泉湧迺流。〔一〕」（《初學記》卷十五。又見《太平御覽》卷五百七十二。）

〔校記〕

〔一〕此句後，《太平御覽》有「雙鯉赴節」句。

登蓋山一百許步，有泉。〔一〕俗傳云：昔有舒氏女未適人，其父析薪於此，女忽坐泉處，牽挽不動，父遽告家，〔二〕比來，惟見清泉湛然。其女性好音樂〔三〕，乃作絃歌，即泉湧浪廻，復有赤鯉一雙，躍出〔四〕。今作樂嬉遊，〔五〕泉猶故沸湧〔六〕。（《太平御覽》卷四十六。又見《太平寰宇記》卷一百零三。）

〔校記〕

〔一〕此句，《太平寰宇記》作「蓋山一百許步有姑蘇泉」。

〔二〕此句，《太平寰宇記》作「父遽歸告家」。

〔三〕其，《太平寰宇記》作「其母曰」。

〔四〕躍出，《太平寰宇記》作「躍出嬉戲」。

〔五〕此句，《太平寰宇記》作「至今作樂」。

〔六〕泉，《太平寰宇記》作「泉水」。

登盖山百步有泉。昔有舒氏女，與父析薪於此山，忽坐泉處，牽挽不動。父遽告家。比來，唯見清泉湛然，因名舒姑泉。（《初學記》卷八、《錦繡萬花谷》後集卷六。）

臨城縣南四十里盖山，高百許丈，有舒姑泉。〔一〕昔有舒氏女〔二〕與其父析薪此泉處坐，〔三〕牽挽不動，乃還告家〔四〕。比還，唯見清泉湛然〔五〕。女母曰：「吾女本好音樂」〔六〕。乃弦歌，〔七〕泉涌廻流，有朱鯉一雙〔八〕。今作樂嬉戲〔九〕，泉固涌出也〔十〕。（《文選·書下·重答劉秣陵沼書》李善注。又見《藝文類聚》卷九、《太平御覽》卷七十。）

〔校記〕

〔一〕此句，《藝文類聚》作「百許步，有姑舒泉」，《太平御覽》作「登百許步，有舒姑泉」。

〔二〕舒氏，《藝文類聚》作「舒」。

〔三〕此句，《藝文類聚》作「與其父析薪於此泉，女因坐」，《太平御覽》作「與其父斫薪，於泉處坐」。

〔四〕乃，《太平御覽》作「父」。

〔五〕湛然，《太平御覽》無。

〔六〕本好，《藝文類聚》作「好」。

〔七〕此句，《藝文類聚》作「乃作弦歌」，《太平御覽》作「及弦歌」。

〔八〕有，《太平御覽》作「見」。

〔九〕今，《藝文類聚》作「令人」。

〔十〕固，《藝文類聚》、《太平御覽》作「故」。

臨城縣盖山有舒姑泉。相傳云：昔舒氏女未嫁，與其父採薪，此女坐處化爲清泉。其母云：此女好音樂，乃往絃歌，而泉湧，有朱鯉一雙。及命作樂，泉故湧出。（《太平御覽》卷九百三十六。）

臨城縣盖山有舒姑泉，俗傳有舒氏女與父析薪，女坐泉處，忽牽挽不動，父遽告家。比還，唯見清泉湛然。母云：「女好音樂。」乃作絃歌。泉湧流，雙鯉赴節。（《事類賦注》卷七。）

舞水

盖山有舞水，聞人歌舞，水即出湧應節。（《編珠》卷一。）

紀昌睦

侍中紀昌睦初生，有白鷺一雙出屋〔一〕，既表素質，宦途亦通。（《藝文類聚》卷九十二。又見《太平御覽》卷九百二十二。）

〔校記〕

〔一〕屋，《太平御覽》作「巢」。

寧國縣

周黃爲寧國長，後遷丞相，即其地也。（《太平寰宇記》卷一百零三。）

北浦里橋

元和中，丹陽太守馬稜坐事被徵，句容人李南善風角，賀稜云：「明日日中有吉問」。明日，稜延望景斜，以爲無徵。至晡，俄有使者至原停稜事，稜問何故遲留之狀，使者曰：「向渡宛陵浦里橋，馬蹶足，是以不得速。」（《太平寰宇記》卷一百〇三。）

按，此條，劉緯毅《漢唐方志輯佚》未輯，張國淦《中國古方志考》將此條內容劃入唐代佚名《宣城記》，並言「案晉有紀義《宣城記》，此條『元和中，丹陽太守馬稜云』，言唐時事，未知即范傳正《宣州記》否？」按，馬稜爲東漢時

人，《東觀漢記》、《後漢書》俱言其爲「丹陽太守」，而「元和」則爲東漢章帝時年號（84年-87年），而非唐憲宗時年號（806年-820年），張氏不知馬稜事，又誤將「元和」歸爲唐時年號，所以將此書歸爲唐范傳正《宣州記》，非也。

雲母屛

《吳錄》曰：紀鷟字子上，景皇時，鷟父亮爲尙書令，鷟爲中書令，每朝會，詔以屛風隔其坐。《宣城記》云，隔以雲母屛。（《初學記》卷十一。）

按，《宣城記》後僅「隔以雲母屛」句，但其前應省略了部分內容。《初學記》作者應是因爲《吳錄》與《宣城記》兩條內容大致相同，未避免重複，所以將二者不同處列出，其完整句式應爲「紀鷟字子上，景皇時，鷟父亮爲尙書令，鷟爲中書令，每朝會，隔以雲母屛。」

稽亭

縣南東六十里有山曰稽亭，是古僊住處，嘗有僊人五百來往遊止，商旅住步，稽遲忘返，故云稽亭也。（《釋文紀》卷四十、《全隋文》卷二十八。）

存疑

殷羨

《御覽》七十《宣城記》曰：殷羨建元中爲豫章太守，去郡，郡人多附書一百餘封，又曰時人號爲投書渚。（《晉書斠注》卷七十七。案，此條內容，《御覽》言其出《晉書》，非出《宣城記》。《晉書斠注》當誤。）

《益州記》　宋任豫

任豫，又作任預，生平、里籍未詳，史書無傳。《隋書·經籍志》言其嘗爲宋太尉參軍，著有《禮論條牒》十卷、《禮論帖》三卷、《答問雜儀》二卷、《任豫集》六卷。此外，《藝文類聚》卷三十九有宋任豫《籍田賦》，卷六十四又有梁任豫《夏潦省宅詩》，二者應爲一人，其或跨宋、齊、梁三代。任豫《益州記》，北宋諸書多徵引，當其時仍存。南宋諸書所引無出北宋諸書外者，其或亡於兩宋之交。《說郛》宛委山堂本輯任豫《益州記》十餘節，未注出處，題晉任豫撰。劉緯毅《漢唐方志輯佚》亦輯是書條目數

則。王文才、王炎《蜀志類鈔》則將任豫、李膺《益州記》合爲一編，名「任豫、李膺《益州記》」。

望川源

（廣都）縣有望川源，鑿石二十里，引取郫江水灌廣都田，云後漢所穿鑿者。（《後漢書·郡國志五》劉昭注補。）

嘉魚

嘉魚，細鱗，似鱒魚〔一〕，蜀中謂之拙魚。蜀郡山處處有之，年年從石孔出〔二〕，大者五六尺〔三〕。（《太平御覽》卷九百三十七。又見《緯略》卷六。）

〔校記〕

〔一〕此句，《緯略》無。

〔二〕石孔，《緯略》作「石穴中」。

〔三〕此句，《緯略》無。

嘉魚生丙穴，蜀人謂之拙魚，從石孔隨泉出，大者五六尺。嚴陵昔年守此穴。（《北堂書鈔》卷一百五十八。）

嘉魚，鱗似鱒魚。（《文選·賦乙·京都中·蜀都賦》李善注。）

江卣

江卣左擔道，鄧艾束馬之處。（《白氏六帖事類集》卷三。）

蜀道至險，束馬懸車以度。（《白孔六帖》卷五十八。）

江曲由〔一〕左擔道，按圖在陰平縣北，於城〔二〕都爲西，其道至險〔三〕，自北來者，擔在左肩，不得度擔也，鄧艾束馬懸車之〔四〕處。（《藝文類聚》卷六十四。又見《太平御覽》卷一百九十五。）

〔校記〕

〔一〕江曲由，《太平御覽》作「江油」。

〔二〕城，《太平御覽》作「成」。

〔三〕險，《太平御覽》作「阻」。

〔四〕之，《太平御覽》無。

江曲由左擔道，按圖在陰平縣北，於成都爲西注，其道至險，鄧艾束馬懸車處。（《初學記》卷二十四。）

錦里

益州城，張儀所築，錦城在州南，蜀時故宮也。其〔一〕處號錦里。(《太平御覽》卷一百九十二。又見《藝文類聚》卷六十三、《記纂淵海》卷四十。)

〔校記〕

〔一〕其，《藝文類聚》無。

錦城在益州南笮橋東流〔一〕江南岸，蜀時故錦宮也，其處號錦里。〔二〕城墉猶在。(《初學記》卷二十七。又見《紺珠集》卷十三。)

〔校記〕

〔一〕流，《紺珠集》無。

〔二〕此二句，《紺珠集》作「蜀時錦宮又號錦里」。

州南，蜀時故錦澗也，其處號錦里。(《太平御覽》卷一百五十七。)

張儀築益州城，故錦澗也，號錦里。(《事文類聚》續集卷四。)

錦里在州南。(《補注杜詩》卷十五。)

文翁學堂

文翁學堂在大城南，昔經災火〔一〕，蜀郡太守高朕修復繕立。其欒櫨橡節，制猶古樸，即令堂基六尺，廈屋三間通，〔二〕皆圖畫聖賢古人之〔三〕像及禮器瑞物。堂西有二石室，又以爲州學。〔四〕(《太平御覽》卷五百三十四。又見《藝文類聚》卷三十八。)

〔校記〕

〔一〕此句，《藝文類聚》作「經火災」。

〔二〕「其欒櫨橡節」數句，《藝文類聚》無。

〔三〕之，《藝文類聚》無。

〔四〕此二句，《藝文類聚》無。

其欒櫨節制，猶古建，堂基高六尺，廈屋三間，通皆圖畫古人之像及禮器瑞物。堂西有二石室。(《太平寰宇記》卷七十二。)

學堂在城南，後太守高朕修復繕立，圖聖賢古人像及禮器端物。(《玉海》卷一百一十一。)

文翁學堂在城南。(《太平御覽》卷一百七十六。)

郫江

郫江，大江之支也，亦曰涪江，亦曰湔水，在蜀與洛水合。(《初學記》卷六。)

煮鹽法

越巂先燒炭，以鹽井水汲之，刮取鹽。(《北堂書鈔》卷一百四十六。)

益州有卓王孫井，舊常於此井取水煮鹽，義熙十五年治井。(《北堂書鈔》卷一百四十六。)

汶山、越巂煮鹽法各異，汶山有鹹石，先以水漬，既而煎之；越巂先燒炭，以鹽井水汲炭，刮取鹽。(《太平御覽》卷八百六十五。)

蒻菹

蒻莖以唐丈草下，魁大者如數斗，今蜀人於冬月舂碎炙之，水淋一宿爲菹也。(《北堂書鈔》卷一百四十六。)

汶江水

汶江水，源出玉輪阪下，今屬汶江郡，在郡東北三十里。(《太平御覽》卷五十三。)

邛僰

邛僰來九折阪，王陽案轡、王遵馳馬之處。(《北堂書鈔》卷一百五十七。)

峨眉山

峨眉山在犍爲〔一〕南安縣南〔二〕界，當縣南八十里，〔三〕山首相望如峨眉。(《橘山四六》卷二。又見《太平御覽》卷四十。)

〔校記〕
〔一〕犍爲，《太平御覽》無。
〔二〕南，《太平御覽》無。
〔三〕《太平御覽》此處有「兩」字。

峨眉山，在南安縣界。兩山相對，狀似〔一〕峨眉。(《太平寰宇記》卷七十四。又見《輿地紀勝》卷一百四十六。)

〔校記〕
〔一〕狀似，《輿地紀勝》作「如」。

平鄉江東逕峨眉山，在南安縣界，去成都南千里。然秋日清澄，望見兩山，相崎如峨眉焉。青衣水又東流，注於大江。(《水經注》卷三十六。)

峨眉山兩山相對，望之如峨眉。(《太平御覽》卷一百六十六。)

峨眉去成都僅千里，秋日清登，望見兩山，相守若峨眉。(《輿地紀勝》卷

一百四十六。）

千秋池

千秋池在城東，冬夏不竭，名曰千秋池。（《太平寰宇記》卷七十二。）

君平卜墓

廣漢郡〔一〕雁橋東有嚴君平卜處，土臺高數丈。（《太平寰宇記》卷七十三。
又見《藝文類聚》卷六十、《太平御覽》卷一百七十八。）

〔校記〕

〔一〕廣漢郡，《藝文類聚》、《太平御覽》無。

石紐村

廣平有石紐林，禹生處也，地方百許里，今人猶不敢居止。（《太平御覽》
卷五十七。）

鍾齊

元帝爲丞相，有力士鍾齊，本吳人，百斛米分爲三擔，擔從渚入市五六
里。（《太平御覽》卷三百八十六。）

陶保

陶保至益州，人饑，米二合直銀一兩。（《太平御覽》卷八百一十二。）

西門樓

諸樓年代既久，榱桷非昔，唯西門一樓，獨有補葺，張儀時舊跡猶存。（《太
平寰宇記》卷七十二。）

二江

二江者，郫江、流江也。（《史記·河渠書》張守節正義、《玉海》卷二十一。
此條，《玉海》引作「杜預《益州記》」，「杜預」，當爲「任預」之形訛也。）

存疑

《說郛》宛委山堂本卷六十一輯任豫《益州記》數條。考其所輯，他
書或不言出處，或言出李膺《益州記》，茲將此數條存疑，單列於下：

故壘

姜維抗鍾會，故壘其山，峭壁千丈，下臨絕澗。（《說郛》宛委山堂本卷六十一。）

魚蛇水

魚蛇水東北自陵州界入青神縣界。（《說郛》宛委山堂本卷六十一。）

葭萌縣

葭盟縣十里有刀鐶山，赤銅水出焉。（《說郛》宛委山堂本卷六十一。）

金山

金山東臨澗水，光照映川。（《說郛》宛委山堂本卷六十一。）

三隅山

東隅、西隅、南隅，三山相對。又曰三隅山，去陵井一里也。（《說郛》宛委山堂本卷六十一。）

銅官山

五城縣西南六十里有銅宮山，高出眾峰。（《說郛》宛委山堂本卷六十一。）

昆井、鹽井

南充縣西南六十里有昆井、鹽井。又曰：雞郵神在相如縣東，次北下步有雞郵溪，因此而為之名。（《說郛》宛委山堂本卷六十一。）

伏犀灘

伏犀灘東南六十里有黃魚像岸，今在僰道縣界。又曰：龍騰溪，水源出南溪縣。（《說郛》宛委山堂本卷六十一。）

黃葛峽

黃葛峽有相思崖，芳泉周灌，俗謂之神窟。（《說郛》宛委山堂本卷六十一。）

司馬相如宅

司馬相如宅在州西笮橋北百許步，李膺云，市橋西二百步得相如舊宅，今梅安寺南有琴臺故墟。（《說郛》宛委山堂本卷六十一。）

龍盤山

龍盤山有一石，長四十丈，高五丈，中有戶及扉，若人掩閉。古老相傳
爲玉女房。(《説郛》宛委山堂本卷六十一。此條，他書引作李膺《益州記》。)

《益州記》　　梁李膺

李膺，字公胤，梁時涪城人，生卒年不詳。《南史》卷五十五有傳。李
膺初以才辯爲益州主簿，後爲益州別駕，又爲益州大中正。著《益州記》
三卷。《隋書・經籍志》載《益州記》三卷，李氏撰。李氏，當即李膺。《新
唐書・藝文志》則言李充《益州記》三卷。或以爲「李充」即「李膺」之
誤。《太平寰宇記》卷八十三言「李膺墓在州西南四十里」。李膺《益州記》，
南宋時書仍徵引，且部分條目與前代書所引異，當其南宋時仍存，《宋史・
藝文志》不見著錄，或其亡於宋元之交。劉緯毅《漢唐方志輯佚》輯是書
條目數則。

沖星橋

沖星橋，舊市橋也，在今成都縣西南四里。(《後漢書・隗囂公孫述列傳》李
賢等注、《杜工部草堂詩箋》卷十八、《資治通鑒補》卷四十三。)

市橋，漢舊州市在橋南，因以爲名。(《太平寰宇記》卷七十二。)

中星橋，市橋也。(《補注杜詩》卷二十一。)

沖星橋，舊市撟。又有龜化橋。初，張儀築城，有大龜導之，以築至東
子城東南隅而斃，因以名橋，其他不可復攷。帶言九橋，跨江如帶之束。(《古
文苑》卷四。)

邛都老姥

邛都縣下有一老姥，家貧孤獨，每食，輒有小蛇〔一〕頭上戴角在牀間，
姥憐之〔二〕，飴之。後稍長大，遂長丈餘。令有駿馬，蛇遂吸殺之。令因大忿
恨，責姥出蛇〔三〕。姥〔四〕云在牀下。令即掘地，愈深〔五〕愈大，而無所見。
令又遷〔六〕怒殺姥。蛇乃感人以靈言瞋令：「何殺我母？當爲母報讎。」此後
每夜輒聞若雷〔七〕若風，四十許日，百姓相見咸驚語：「汝頭那忽戴魚？」是

夜方四十里與城一時俱陷爲湖，土人謂之爲「陷河」。唯姥宅無恙，訖今猶存。漁人採捕，必依止宿，每有風〔八〕浪，輒居宅側，恬靜無它〔九〕。風靜水清，猶見城郭樓櫓異然。今水淺時，彼〔十〕土人沒水取得舊木，堅貞，光黑如漆，今〔十一〕好事人以爲枕相贈。（《後漢書·南蠻西南夷列傳》李賢等注。又見《太平御覽》卷七百九十一。）

〔校記〕

〔一〕蛇，《太平御覽》作「虵」，下同。

〔二〕之，《太平御覽》無。

〔三〕此二句，《太平御覽》作「令因大忿恨，令姥責出虵」。

〔四〕姥，《太平御覽》作「母」。

〔五〕愈深，《太平御覽》無。

〔六〕遷，《太平御覽》無。

〔七〕若雷，《太平御覽》無。

〔八〕風，《太平御覽》無。

〔九〕它，《太平御覽》作「他」。

〔十〕彼，《太平御覽》無。

〔十一〕今，《太平御覽》無。

臨邛郡下有老姥，家甚貧，孤獨，每食輒有一小蛇，頭上有角，在衿袵之間，母憐而飼之，後漸長大，丈餘。縣令有馬，爲此蛇吸之，令因大怒，收姥。姥云：「在床下」。遂令人發掘，愈深而無所見。令乃殺姥，其蛇因夢於令曰：「何故殺吾母？當報仇耳。」因此每夜常聞風雨之聲，四十餘日。一夕，百姓相見咸驚，皆曰：「汝頭那得戴魚？」相逢皆如此言。是夜，方四十里，一時俱陷爲湖，土人謂之邛湖。亦曰邛池。其姥之故宅獨不沒，至今猶存，漁人採捕，必依此宿。（《太平寰宇記》卷七十五。）

臨邛老姥得水蛇飼之，漸長丈餘，後姥爲令所殺，蛇見夢於令，曰：「我當報仇。」是夜四十里俱陷爲湖。（《輿地廣記》卷三十。）

碧雞坊

成都之坊百有二十，第四曰碧雞坊。（《杜工部草堂詩箋》卷十八。此條，《杜工部草堂詩箋》言出梁《益州記》。《益州記》今所見有三國蜀譙周撰、宋任豫撰和梁李膺撰數種，此處梁《益州記》，當即李膺《益州記》。

劍門

劍門山勢連絡，限蜀爲阻。（《杜工部草堂詩箋》卷十九。此處，《杜工部草堂詩箋》亦言爲「梁《益州記》」，當即李膺《益州記》。）

稚子闕

稚〔一〕子闕〔二〕北五里武侯八陣圖，土城西〔三〕門，中起六十四魁，八八爲行，魁方一丈，高三尺也。（《太平寰宇記》卷七十二。又見《通鑒地理通釋》卷十一、《玉海》卷一百四十二、《補注杜詩》卷三十一。）

〔校記〕

〔一〕稚，《玉海》作「椎」。

〔二〕闕，《玉海》無。

〔三〕西，《通鑒地理通釋》、《玉海》、《補注杜詩》皆作「四」。

魁行皆八，財舉其半。（《補注杜詩》卷三十一。）

稚子闕，在夔州奉節縣西七里，聚細石爲之。（《補注杜詩》卷三十一。）

五侯水

昔有人姓侯，兄弟五人住此水側，皆武勇，家居〔一〕殷富，俗人呼爲五侯水。（《太平寰宇記》卷七十三。又見《蜀鑒》卷八。）

〔校記〕

〔一〕家居，《蜀鑒》無。

瀘水

瀘水源出曲羅巂〔一〕，下三百里曰瀘水〔二〕。兩峰有殺氣，暑月舊不行〔三〕，故武侯以夏渡爲艱。（《水經注》卷三十六。又見《蜀鑒》卷九。）

〔校記〕

〔一〕巂，《蜀鑒》作「巂」。

〔二〕曰瀘水，《蜀鑒》無。

〔三〕不行，《蜀鑒》作「不可行」。

瀘水兩峰有殺氣，暑月舊不行，故武侯以夏渡爲難。（《資治通鑒補》卷七十。）

瀘水即武侯渡處，水有熱氣，暑不敢行。（《太平御覽》卷三十四。）

蒙山郡

自晉永嘉崩離〔一〕，李雄竊據此地，蕪廢將二十紀，夷獠居之。後魏廢帝

二年置蒙山郡於此。〔二〕（《元和郡縣志》卷三十三。又見《輿地紀勝》卷一百四十七。）

　　〔校記〕
　　〔一〕崩離，《輿地紀勝》作「之後」。
　　〔二〕此句，《輿地紀勝》無。

　　晉永嘉分崩，李雄竊據，此地蕪廢，將二十紀。夷人侵軼，獠又間之，公私路絕，無可推訪。（《太平寰宇記》卷七十七。）

　　晉永嘉分崩，李雄竊據蜀地，蕪廢將二十紀，夷人侵軼，獠又間之，公私路絕，無可推訪，後魏廢帝二年始更招攜，民漸墾殖，因僑立蒙山郡。（《蜀鑒》卷九。）

　　蓋李雄據蜀，李壽從牂柯引獠入蜀境，自象山以北，盡爲獠居，臨邛舊縣因茲置。（《太平寰宇記》卷七十五。）

　　南陽，漢中李雄亂蜀，遣李壽盡掠漢川五千餘家流寓於此，晉太康元年立郡，後魏三年廢。（《太平寰宇記》卷七十三。）

斛石山

　　斛石山有兩塚。（《太平寰宇記》卷七十二。）

新婦泉

　　在縣東北五里，有新婦泉。什邡縣界亦有新婦水。初，二婦勤於奉養，晨夜負汲，不憚冰雪，久之，泉爲之涌，故以名泉。（《太平寰宇記》卷七十二。）

宜城山

　　宜城山在牛飲水南三十里。（《太平寰宇記》卷七十二。）

清水

　　牛飲水之末流也，水名客舍，昔程鄭家於此，每群牛飲，江爲之竭，故名。（《太平寰宇記》卷七十二。）

枇杷橋

　　鴨蛇橋西五里，枇杷橋也。（《太平寰宇記》卷七十二。）

廣都縣

　　成都、新都、蜀都，號三都，此都即一也。（《太平寰宇記》卷七十二。）

石亭水

石亭水，今入界縣。（《太平寰宇記》卷七十三。）

犀橋

廣漢郡北一里半有犀橋，即白魚水也。（《太平寰宇記》卷七十三。）

鹿堂山

岸有隙，出神泉。若詣者精志，則泉流奔湧；其信道不篤，便清源頓竭也。（《太平寰宇記》卷七十三。）

武侯池

東武山有池出白蓴，冬夏帶絲，肥美爲一州最。宋元嘉末，刺史陸巖嘗獻文帝，勅月一獻。（《太平寰宇記》卷七十三。）

綿竹縣故城

石子頭二十里，即故綿竹縣城，諸葛瞻埋人腳戰處也。（《太平寰宇記》卷七十三。）

玉壘山

在沈黎郡，去蜀城南八百里，在此縣西北二十九里。（《太平寰宇記》卷七十三。）

灌口山

大江泉源，即今所聞，始發羊膊嶺下，緣崖散漫，小水百數，殆未濫觴矣。東南下百餘里至白馬嶺，而歷天彭闕，亦謂之爲天彭谷也。秦昭王以李冰爲蜀守，冰見氐道縣有天彭山，兩山相對，其形如闕，謂之天彭門，亦曰天彭闕。（《水經注》卷三十三。）

清水路西七里灌口，古所謂天彭闕。〔一〕兩石對立如闕，號曰「天彭」。〔二〕（《太平寰宇記》卷七十三。又見《杜工部草堂詩箋》卷十九、《輿地紀勝》卷一百五十一。）

〔校記〕

〔一〕此二句，《輿地紀勝》無。

〔二〕此二句，《杜工部草堂詩箋》無。

大江始發羊膊嶺下，東南至白馬嶺，歷天彭闕。（《通鑑地理通釋》卷十。）

大江泉源發於羊膊嶺下，緣崖散漫，小大百數，殆未濫觴矣。(《尚書全解》卷十。)

盤龍山

山土色黃，盤廻有龍形，故曰盤龍山。(《太平寰宇記》卷七十三。)

郡北有孤山，其山蜿蜒，故曰盤龍。有盤龍三院：上曰壽聖、中曰寶壇、下曰定惠。(《輿地紀勝》卷一百五十一。)

走金山

堯時洪水，民奔於是山而獲金，故曰走金。(《太平寰宇記》卷七十三。)

昔懷山襄陵之際，西民奔此山而攫金，故名。(《輿地紀勝》卷一百五十一。)

玉女房

其房鑿山爲穴，深數十丈，中有廊廡堂室，屈曲〔一〕似若神功，非人力矣。(《太平寰宇記》卷七十三。又見《輿地紀勝》卷一百五十一。)

〔校記〕

〔一〕屈曲，《輿地紀勝》無。

玉女房

閬中盤龍山南有一石，長四十丈，高五尺，當中有戶及扇，若人之掩戶〔一〕，古老以爲玉女房。(《太平寰宇記》卷八十六。又見《太平御覽》卷四十四、《輿地紀勝》卷一百八十五。)

〔校記〕

〔一〕戶，《太平御覽》、《輿地紀勝》作「閉」。

龍盤山南有石〔一〕，長三〔二〕十丈，高五丈〔三〕。當中有戶及扉，若人掩閉。古老以爲〔四〕玉女房。(《初學記》卷八。又見《太平御覽》卷五十二、《錦繡萬花谷》後集卷六。)

〔校記〕

〔一〕有石，《太平御覽》作「有一石」。

〔二〕三，《太平御覽》作「四」。

〔三〕丈，《錦繡萬花谷》作「尺」。

〔四〕古老以爲，《太平御覽》作「故老相傳」。

龍磐山有石，當中有戶及扉，若人掩閉。傳云玉女房。(《事類賦注》卷七。)

北平山

張道陵得仙於此，陵有二十四化，此山是其一也。(《太平寰宇記》卷七十四。)

張陵登仙之所，傳云嘗有麒麟、白鶴遨翔其上。有《銘》記云，張陵爲蝮蛇所吸，門徒以爲登仙矣。(《太平寰宇記》卷七十五。)

張陵登仙之所，傳云陵爲蝮蛇所吸，人以爲登仙。(《太平御覽》卷一百六十六。)

張道陵登仙之所，嘗有白鶴遊其上。(《方輿勝覽》卷五十二、《通鑑地理通釋》卷五。)

汶井江

江中有井，井見爲亂。(《太平寰宇記》卷七十五。)

馬元祠

寧州有馬元河，河邊牧馬產駿駒，一日千里，至此斃之岸南，人爲立祠。(《太平寰宇記》卷七十五。)

新津縣

皀里江津之所曰新津市〔一〕。(《太平寰宇記》卷七十五。又見《資治通鑑補》卷二百五十二。)

〔校記〕

〔一〕市，《資治通鑑補》無。

九節溪

嶺有九節故也。(《太平寰宇記》卷八十七。)

嶺有九節，因爲名。(《輿地紀勝》卷一百五十五。)

內江水

內江水自萬寧西北二百八十里至闖頭灘，〔一〕灘長百步，懸崖倒水，舟楫莫通。(《太平寰宇記》卷一百二十。又見《輿地紀勝》卷一百七十四。)

〔校記〕

〔一〕此句，《輿地紀勝》作「內江至闖頭灘」。

青石山

昔巴蜀爭界，久而不決。漢高帝八年，一朝密霧，石爲之裂，今猶如之。〔一〕自上及下，破處直若引繩焉，於是州界始判。山上有古神祠，甚靈。今名青石山〔二〕。（《太平御覽》卷四十四。又見《太平寰宇記》卷一百三十六。）

〔校記〕

〔一〕此句，《太平寰宇記》無。

〔二〕此句，《太平寰宇記》無。

昔巴蜀爭界而久不決，漢高帝八年，一朝密霧，石爲之裂，州界始判。（《輿地紀勝》卷一百五十九。）

三塠石

廣陽州東七里水南有遮要三〔一〕塠石，石東二里至明月峽，峽首〔二〕南岸壁高四十丈，其壁有圓孔，形若〔三〕滿月，因以爲名。（《太平寰宇記》卷一百三十六。又見《太平御覽》卷五十三。）

〔校記〕

〔一〕三，《太平御覽》作「二」。

〔二〕首，《太平御覽》作「前」。

〔三〕若，《太平御覽》作「如」。

明月峽，在巴縣，〔一〕東〔二〕壁高四十丈，〔三〕有圓孔，形如〔四〕滿月，因以爲名。（《太平御覽》卷一百六十八。又見《輿地紀勝》卷一百七十五。）

〔校記〕

〔一〕此二句，《輿地紀勝》無。

〔二〕東，《輿地紀勝》作「石」。

〔三〕《輿地紀勝》此處有「壁」字。

〔四〕如，《輿地紀勝》作「若」。

廣陽州東七里水南有遮要三搥石，又東二里至明月峽。（《輿地紀勝》卷一百七十五。）

香草樓

江州縣西南有仙池，昔有仙人居此池側置樓，多植香草於此樓下〔一〕。忽一夕縱火，天降紫雲，飄然而去。〔二〕後人尙〔三〕指此地爲香草樓〔四〕。（《太平寰宇記》卷一百三十六。又見《輿地紀勝》卷一百七十五。）

〔校記〕

〔一〕於此樓下，《輿地紀勝》無。

〔二〕此三句，《輿地紀勝》無。

〔三〕尚，《輿地紀勝》無。

〔四〕香草樓，《輿地紀勝》作「仙人樓」。

江津縣西有香草樓。昔有仙人於此置樓，居植香草於樓下。一夕仙去，後人指其地爲香草樓。(《太平御覽》卷一百六十八。)

仙池

州縣西南有仙池，即此是也。(《輿地紀勝》卷一百七十五。)

雋州

雋州雋山〔一〕，其地接諸蠻部，有烏蠻、秋〔二〕蠻。(《杜工部草堂詩箋》卷二十三。又見《施注蘇詩》卷十三。此處，《杜工部草堂詩箋》、《施注蘇詩》皆言出「梁《益州記》」，當即李膺《益州記》。)

〔校記〕

〔一〕雋山，《施注蘇詩》無。

〔二〕秋，《施注蘇詩》作「白」。

棟

蜀人謂嶺爲棟。(《太平寰宇記》卷七十六、《輿地紀勝》卷一百四十五。)

齊基縣

齊武帝永明四年，分江原縣，置齊基縣。(《輿地紀勝》卷一百四十七、《輿地紀勝》卷一百五十一。此條，《輿地紀勝》卷一百四十七言出《益州記》，不著作者；《輿地紀勝》卷一百五十一言出李膺《記》，不著篇名，當即爲李膺《益州記》。)

齊武帝永明初置齊基縣。(《太平寰宇記》卷七十三。)

黄帝壇

在青城縣青城山九里至赤城有三師壇，又有黄帝壇。(《輿地紀勝》卷一百五十一。)

金穴

櫟梓坪田北一里山中有金穴，約深數丈，凡有數百所。(《輿地紀勝》卷一百五十二。)

猿門山

鍾陽西二十里猿門戍是也。（《輿地紀勝》卷一百五十二。）

龜停山

此山自益州至此，是爲龜停。（《輿地紀勝》卷一百七十五。）

陰平縣

宋太始初，以舊陰平流移之戶置此縣。（《輿地紀勝》卷一百八十六。）

赤水山

龍血東有龍像巖，絕壁約萬餘丈〔一〕，有四石龍在壁間〔二〕，今猶可驗〔三〕。巖之東北有洞穴，莫測深淺，泉出其下〔四〕。（《太平寰宇記》卷八十四。又見《輿地紀勝》卷一百八十六。）

〔校記〕

〔一〕約萬餘丈，《輿地紀勝》作「千餘丈」。

〔二〕在壁間，《輿地紀勝》作「隱然石壁間」。

〔三〕此句，《輿地紀勝》作「迄今猶存」。

〔四〕此三句，《輿地紀勝》無。

廢下辯縣城

宋文帝元嘉二十九年，以武都流人於下辯縣安置〔一〕，大明二年改爲武〔二〕連縣。（《太平寰宇記》卷八十四。又見《輿地紀勝》卷一百八十六。）

〔校記〕

〔一〕安置，《輿地紀勝》作「置」。

七星橋

七星橋：一、長星橋，今名萬里；二、員星橋，今名安樂。三，璣星橋，今名建昌；四、夷星橋，今名笮橋；五、尾星橋，今名禪尼；六，沖星橋，今名永平橋；七、曲橋，今名昇仙。（《方輿勝覽》卷五十一。）

七星橋，一曰長星，二曰員星，三曰璣星，四曰夷星，五曰尾星，六曰沖星，七曰曲星。（《古文苑》卷四。）

郫縣

郫縣，益州之勝邑。古城在今縣北。（《太平寰宇記》卷七十二。）

郫縣故城在今縣北。（《資治通鑑補》卷八十五。）

《益州記》　　王褒

王褒《益州記》，史志不載，《初學記》、《杜工部草堂詩箋》各引一條，條目相同，其有言李膺事，當其成書於梁後。

司馬相如宅

司馬相如宅在州西筰橋北百許步〔一〕，李膺云，市橋西二百步得相如舊宅。（《初學記》卷二十四。又見《杜工部草堂詩箋》補遺卷一。）

〔校記〕

〔一〕步，《杜工部草堂詩箋》作「叔」。

《益州記》　　佚名

除蜀譙周《益州志》、劉宋任豫《益州記》、梁李膺《益州記》、王褒《益州記》外，唐宋諸書所引《益州記》，又有數條不著作者，茲將其單列，另作一種。

彭望山

縣有王喬仙處。王喬祠今在縣，下有彭祖冢，上有彭祖祠。（《後漢書·郡國志四》劉昭注補。）

白馬嶺

自白馬嶺回行二十餘里至龍涸，又八十里至蠶陵縣，又南下六十里至石鏡，又六十餘里而至北部，始百許步；又西百二十餘里至汶山故郡，乃廣二百餘步；又西南百八十里至濕阪，江稍大矣。故其精則井絡瀍曜，江、漢晒靈。（《水經注》卷三十三。）

都安

江至都安，堰其右，撿其左，其正流遂東，郫江之右也。因山頹水，坐致竹木，以溉諸郡。又穿羊摩江、灌江，西于玉女房下白沙郵，作三石人立

水中，刻要江神，水竭不至足，盛不沒肩。是以蜀人旱則藉以爲漑，雨則不遏其流。（《水經注》卷三十三。）

平陽山

城東有平陽山，山間有池，周圍數頃，名千秋池。（《編珠》卷一。）

火井

火井在臨卭縣卓王孫家，又名王孫井。漢室之隆，則炎赫彌熾。桓靈之際，火勢漸微，諸葛一瞰而更盛。至景曜元年，人以燭投之即滅。其年，蜀並於魏。（《編珠》卷一。）

望鄉臺

昇遷〔一〕亭夾路有二臺，一名望鄉臺，在縣北九里〔二〕。（《太平寰宇記》卷七十二。又見《杜工部草堂詩箋》卷十九。）

〔校記〕

〔一〕遷，《杜工部草堂詩箋》作「仙」。

〔二〕此句，《杜工部草堂詩箋》無。

南池

南池在閬中縣東南八里。（《初學記》卷八。又見《杜工部草堂詩箋》卷二十。）

西水

西水縣，本秦閬中縣之地。（《初學記》卷八、《錦繡萬花谷》後集卷六。）

閬州地名曰西水。（《書敘指南》卷十四。）

青石山

巴蜀分於合州青石山。（《補注杜詩》卷二十二。）

刀鐶山

葭萌縣南十里有刀鐶山，赤銅水出焉。（《初學記》卷八、《錦繡萬花谷》後集卷六。）

金鑛

金山，在涪縣〔一〕東五十步，東臨澗〔二〕水，光照映川。（《太平御覽》卷四十四。又見《太平寰宇記》卷八十三。）

地記輯校 乙編

〔校記〕

〔一〕縣，《太平寰宇記》無。

〔二〕澗，《太平寰宇記》無。

金山東臨澗水，光照映川。（《初學記》卷八、《錦繡萬花谷》後集卷六。）

利州地名曰金谿。（《書敍指南》卷十四。）

飛梁絕澗

姜維拒鍾會有故壘〔一〕，其山〔二〕峭壁，下臨絕澗。（《太平寰宇記》卷八十四。又見《輿地紀勝》卷一百八十六。）

〔校記〕

〔一〕故壘，《輿地紀勝》作「薑維山」。

〔二〕山，《輿地紀勝》無。

姜維抗鍾會，故壘其山，峭壁千丈，下臨絕澗。（《初學記》卷八、《錦繡萬花谷》後集卷六。）

魚蚼水

魚蚼〔一〕水，東北自陵州界入青〔二〕神縣界。（《初學記》卷八。又見《錦繡萬花谷》後集卷六。）

〔校記〕

〔一〕蚼，《錦繡萬花谷》作「蛇」。

〔二〕青，《錦繡萬花谷》作「清」。

隅山

東隅、西隅、南隅，三山相對。三隅〔一〕山去陵井一里。（《初學記》卷八。又見《太平寰宇記》卷八十五。）

〔校記〕

〔一〕三隅，《太平寰宇記》無。

郡有東隅，三山相對，去陵井百里。（《太平御覽》卷一百六十六。）

縣之東西南峒三山相對，去鹽井一里，共號三峒山。東飛泉，南翳嘶，西即州衙坐山也。（《輿地紀勝》卷一百五十。）

東峒、西峒、南峒，山相對，故號三峒。（《輿地紀勝》卷一百五十。）

－2485－

銅宮山

五城縣西南六十里有銅宮山，高出眾峰。(《初學記》卷八、《錦繡萬花谷》後集卷六。此條，《輿地紀勝》卷一百五十四亦引，言出李膺《蜀記》。)

銅官山

任城縣西南六十里有銅官山，即漢文帝賜鄧通鑄錢之所，連互入縣界。〔一〕(《太平寰宇記》卷七十六。又見《輿地紀勝》卷一百四十五。此條，《太平寰宇記》卷八十二所引與此類，言出李膺《蜀記》。)

〔校記〕

〔一〕此句，《輿地紀勝》無。

昆井

南充縣西六十里〔一〕有大昆井，即古之鹽井。(《太平寰宇記》卷八十六。又見《太平御覽》卷一百六十七。)

〔校記〕

〔一〕六十里，《太平御覽》無。

南充縣西南六十里有昆井、鹽井。(《初學記》卷八、《錦繡萬花谷》後集卷六。)

果州地名曰昆井。(《書敘指南》卷十四。)

雞郵神

雞郵神在相如縣東，次北下步有雞郵溪，因此而為之名。(《初學記》卷八、《錦繡萬花谷》後集卷六。)

雞卸神在相如縣，以神祠〔一〕在雞卸溪側，故為名〔二〕。(《太平寰宇記》卷八十六。又見《輿地紀勝》卷一百五十六。)

〔校記〕

〔一〕祠，《輿地紀勝》無。

〔二〕故為名，《輿地紀勝》作「故以烏號」。

伏犀灘

伏犀灘東南六十里有黃牛像，其崖峻險，遠望斑斕，〔一〕頗像黃牛。(《太平寰宇記》卷七十九。又見《太平御覽》卷六十九。)

〔校記〕

〔一〕此句，《太平御覽》作「遠望之班潤」。

伏犀灘東南六十里有黃魚像岸，今在僰道縣界。(《初學記》卷八、《錦繡萬花谷》後集卷六。)

伏犀灘東南六十里有黃牛像，其崖嶮峻，頗類黃牛。(《輿地紀勝》卷一百六十三。)

龍騰溪

龍騰溪水，源出南溪縣。(《初學記》卷八、《錦繡萬花谷》後集卷六。)

相思崖

黃葛峽有相思崖，芳泉周灌，俗〔一〕謂之神窟。(《初學記》卷八。又見《錦繡萬花谷》後集卷六。)

〔校記〕

〔一〕俗，《錦繡萬花谷》作「浴」，當爲「俗」之形訛。

蔣橋

蔣琬宅於此，因以名橋。(《太平寰宇記》卷七十二。)

浮中山

南陰平鄉東有浮中山，每芳春，遊人登賞，謂之迎春岡，四面斷絕。(《太平寰宇記》卷七十三。)

青衣神

神號〔一〕雷搥廟，班固以爲離堆下有石室，名〔二〕玉女房，蓋此神也。(《太平寰宇記》卷七十四。又見《輿地紀勝》卷一百四十六。)

〔校記〕

〔一〕神號，《輿地紀勝》無。

〔二〕名，《輿地紀勝》無。

青衣神號雷塠廟，班固以爲離塠。(《太平御覽》卷一百六十六。)

荔枝灘

荔枝灘東南二十里山頂上有一冢，唯生女貞樹，樹上常有白猿棲息。(《太平寰宇記》卷七十九。)

荔枝灘東南山頂上有一塚，唯生女正人。(《海錄碎事》卷二十一。)

覆船山

覆船山中十五里，有七里阪，一名羊腸〔一〕阪，屈曲有壁立，難升之路。（《太平寰宇記》卷八十二。又見《太平御覽》卷四十四。）

〔校記〕

〔一〕腸，《太平御覽》作「腹」。

射洪山

郪偻灘東六里有射江，土人語訛，以「江」爲「洪」。（《太平寰宇記》卷八十二。此條，《金陵書局》本《寰宇記》言出佚名《益州記》，文淵閣四庫全書補配古逸叢書本《太平寰宇記》則言出李膺《蜀記》，李膺《益州記》、《蜀記》，或爲一書也。）

婁灘東六里，土人呼爲射江水。（《輿地紀勝》卷一百五十四。）

猿門山

猿門山，在涪縣之北二十五里。上多猿，其山二峰豎立〔一〕如門，故曰猿門山〔二〕。（《太平寰宇記》卷八十三。又見《太平御覽》卷四十四。）

〔校記〕

〔一〕豎立，《太平御覽》作「磝堅」。

〔二〕山，《太平御覽》無。

掌天山

掌天山在臨津縣，山多柘，堪爲良弓。雖犀絲、燕角，不能勝也。〔一〕（《太平寰宇記》卷八十四。又見《輿地紀勝》卷一百八十六。）

〔校記〕

〔一〕此二句，《輿地紀勝》無。

廢華陽縣城

宋大明年置，隸南安郡，後魏元帝廢。（《太平寰宇記》卷八十四、《輿地紀勝》卷一百八十六。）

廢茂陵縣城

宋大明年置，隸扶風郡。（《太平寰宇記》卷八十四。）

平井

官有兩竈二十八鎮〔一〕，一日一夜收鹽四石〔二〕，〔三〕如霜雪也。（《太平寰宇記》卷八十五。又見《輿地紀勝》卷一百四十七。）

〔校記〕

〔一〕鎮，《輿地紀勝》作「鑊」。

〔二〕石，《輿地紀勝》作「碩」。

〔三〕《輿地紀勝》此處有「白」字。

馬鳴戍

旭川縣有馬鳴戍〔一〕。漢刺史韋枝〔二〕夜過此地，有神馬嘶，漢中馬皆〔三〕嘶以應之，故以此名戍〔四〕。（《太平御覽》卷一百六十六。又見《太平寰宇記》卷八十五、《輿地紀勝》卷一百六十。）

〔校記〕

〔一〕此句，《太平寰宇記》、《輿地紀勝》無。

〔二〕漢刺史韋枝，《太平寰宇記》作「漢刺史韋拔」、《輿地紀勝》作「韋拔」。

〔三〕皆，《太平寰宇記》、《輿地紀勝》無。

〔四〕故以此名戍，《太平寰宇記》、《輿地紀勝》作「故有此戍」。

仙都

崗巒崿嶺連千里，上有仙都。（《太平御覽》卷四十四。）

百尺樓

成都有百尺樓。（《太平御覽》卷一百七十六。）

白帝倉

今成都縣東有頹城毀垣，土人云古白帝倉也。（《太平御覽》卷一百九十。）

市橋、筰橋

市橋、筰橋，今各有一鐵椎，大十許圍，長六七十尺。云初橋引機運此椎，以擊橋柱。本有三，今餘二。（《太平御覽》卷七百六十三。）

棲賢山

李八百遊此山，遂有棲賢之名。山側有一洞，又有一石庵，丹竈在焉。（《輿地紀勝》卷一百六十四。）

五婦山

梓潼五婦山有鄧芝二石。（《輿地紀勝》卷一百八十六。）

周公禮殿

成都學有周公禮殿。(《玉海》卷五十七。)

尚侈好文

其風俗尚侈而好文。(《方輿勝覽》卷五十二。)

小郫

彭之土地肥良，比之郫邑，號小郫。(《方輿勝覽》卷五十四。)

彭之地號小郫，土地肥良，比之郫邑也。(《太平寰宇記》卷七十三。此條，《寰宇記》言出《益州志》。)

《蜀記》 梁李膺

李膺，見李膺《益州記》。李膺《蜀記》，卷亡，史志不載，唐宋時書多徵引，南宋《輿地紀勝》所引數條條目與北宋諸書不同，或其南宋時仍存。王文才，王炎編著《蜀志類鈔》以爲李膺無《蜀記》，此《蜀記》當爲後人附會作者而成：「又或題爲李膺，皆書是而人非。」其書又言，《太平御覽》、《太平寰宇記》所引《蜀記》，當是唐人之書。「《蜀記》數家，諸書引錄，不冠名氏，故不辨爲何家之著。茲斷唐以上所引爲古記，宋人所引爲唐記。」(見王文才、王炎編著《蜀志類鈔》，巴蜀書社，2010年，第 134 頁。)王氏此書不言成論理由，本書爲客觀起見，仍將諸書所引李膺《蜀記》單列。

銅官山

梓州玄武縣、簡州金水縣競銅官坑，則梓州亦自有銅官山。(《補注杜詩》卷三十五。)

張陵

張陵避病瘧於丘社中，得呪鬼術書，遂解鬼法，後爲大蛇所噏，弟子等妄述昇天，其子衡，衡子魯，還習其道，自號三師。陵爲天師，衡爲系師，魯爲嗣師，咸以鬼道以化愚俗。(《佛道論衡》卷乙。)

張陵避病瘧於丘社之中，得呪鬼之術書，爲是遂解使鬼法，後爲大蛇所噉，弟子妄述升天。（《廣弘明集》卷八。）

犁刃山

犁刃山長八里，高出眾峰，形如鏵刃。（《太平寰宇記》卷八十二。）

華縣

宋元嘉九年置，後周明帝初併入玄武縣。（《太平寰宇記》卷八十二。）

五城山

五城山在三隅山之東。（《太平寰宇記》卷八十二。）

故五城縣

故五城縣，在元武縣三嵋山之下。（《輿地紀勝》卷一百五十四。）

射江

郪僕灘東六里有射江，土人語訛，以「江」爲「洪」。（《太平寰宇記》卷八十二。）

鹽井亭

霝江東鹽井亭，古方安縣也。（《太平寰宇記》卷八十二。）

廢宕渠

宋元嘉十九年置西宕渠郡，領縣四：宕渠、宣城、漢初、東關。於宕渠，是其一也。梁天監中廢。（《太平寰宇記》卷八十二。）

銅官山

縣西南有銅官山，〔一〕濶八丈〔二〕，〔三〕出眾峰，〔四〕鄧通卓王孫冶鑄之所也。（《太平寰宇記》卷八十二。又見《輿地紀勝》卷一百五十四。）

〔校記〕

〔一〕此句，《輿地紀勝》作「銅官縣南五十八里有銅官山」。

〔二〕此句，《輿地紀勝》無。

〔三〕《輿地紀勝》此處有「高」字。

〔四〕《輿地紀勝》此處有「即」字。

金山

金山長七八里，每夏淹〔一〕雨，有崩處，即金粟散出。(《太平寰宇記》卷八十三。又見《太平御覽》卷四十四。)

〔校記〕

〔一〕淹，《太平御覽》作「潦」。

治水泊舟

禹治水，泊舟覆焉。(《輿地紀勝》卷一百五十四。)

西宕渠郡

宋元嘉十九年宋置西宕渠郡，領縣四，宕渠、宜城、漢初、東関，此宕渠是其一也。(《輿地紀勝》卷一百五十四。)

三石人

秦時蜀守李冰作三石人於白沙郵立水中，以壓水災，刻字爲約，曰：水竭不至足，盛不至腰。(《輿地紀勝》卷一百五十一。此條，《輿地紀勝》不著作者，但考其條目，與《水經注》卷三十三所引李膺《益州記》相合，茲列於此。)

《記》 　　梁李膺

除諸書所引李膺《益州記》、《蜀記》外，唐宋時期諸書所引又有「李膺《記》」數條，其內容多屬地記，應即上二書之簡稱，但條目多不與上二書合。又因其《蜀記》、《益州記》所記地區相同，亦無法根據內容推斷其篇名，茲將諸書所引「李膺《記》」數條列於下，以待方家指正。

學觀

後漢中平中，火延學觀，廂廊一時蕩盡，惟此堂火〔一〕焰不及，構製雖古，而巧異特奇。壁上悉圖古之聖賢，梁上則刻文宣及七十弟子，齊永明中，劉瑱更圖焉。〔二〕(《元和郡縣志》卷三十二。又見《太平寰宇記》卷七十二。)

〔校記〕

〔一〕火，《太平寰宇記》作「爆」。

〔二〕「壁上悉圖古之聖賢」數句，《太平寰宇記》無。

南安

宋置南安，在今劍州成縣南，石同在利州西。（《蜀鑒》卷六。）

少城

少城有九門，南面三門，最東曰陽城門，次西曰宣明門。〔一〕蜀時〔二〕張儀樓，即宣明門樓也。重閣復道，跨陽城門，故左思《賦》云：「結陽城之延閣，飛觀榭乎雲中。」（《太平寰宇記》卷七十二。又見《方輿勝覽》卷五十一。）

〔校記〕

〔一〕此前數句，《方輿勝覽》無。

〔二〕蜀時，《方輿勝覽》無。

與大城俱築，惟西南北三壁，東即大城之西墉，故《蜀都賦》云：「亞以少城，接於其西。」（《太平寰宇記》卷七十二。）

石犀

市北有石牛，李冰所立。（《太平寰宇記》卷七十二。）

昇遷水

昇遷水起自始昌堰，堰有兩叉，中流即昇遷。（《太平寰宇記》卷七十二。）

大塔山

阿育王使鬼兵造八萬四千塔，雒縣、廣都、晉原各有一也。（《太平寰宇記》卷七十二。）

范蠡

范蠡學道於此山上昇仙也。（《太平寰宇記》卷七十三。）

都江水

沱水入都田江入城。（《太平寰宇記》卷七十三。）

雁橋

張任與劉璋子循守雒城，任勒兵出於雁橋，戰敗，即此也。（《太平寰宇記》卷七十三。）

新婦水

南陽郡南七里有新婦水。（《太平寰宇記》卷七十三。）

雍齒墓

墓高四丈，闊四畝，有石麒麟二。（《太平寰宇記》卷七十三。）

秦宓宅

三造亭，秦子勑之舊宅也。太守夏侯纂三造門，故以爲名。（《太平寰宇記》卷七十三。）

兩歧山

此山出木堪爲船，本琅岐山，語訛爲兩歧山也。（《太平寰宇記》卷七十三。）

鼎鼻山

周德既衰，九鼎淪散，一沒此山，山下江中，或見其鼻，因以爲名。宋將朱齡石伐蜀，寨於此。（《太平寰宇記》卷七十四。）

大江下山有灘，昔周衰，九鼎淪沒，其一在此。多夏恒深九尺。每雲開風息淡靜，則曉然見。（《太平寰宇記》卷七十四。）

山下有灘。昔周衰，鼎淪沒其一，每雲開風息，則曉然見之。（《方輿勝覽》卷五十三。）

北界山

南安、武陽二縣於此山分界。（《太平寰宇記》卷七十四。）

龍池

峨眉山下有池，廣袤十里，號龍池。（《太平寰宇記》卷七十四。）

龍池在峩眉山上。（《輿地紀勝》卷一百四十六。）

擊龍橋

擊龍橋，《神仙傳》：「瞿鵲子繫龍於此橋。」（《太平寰宇記》卷七十五。）

獽

此四郡獽也。又有夷人，與獽類一同，又有獠人，與獽、夷一同，但名字有異而已。(《太平寰宇記》卷七十六。)

洛水

洛水出洛，通東合縣，注牛鞞縣。(《太平寰宇記》卷七十六。)

洛水出漢州什邡縣之洛通山，東合縣江注牛鞞縣。(《輿地紀勝》卷一百六十四。)

百丈縣

臨邛縣南百二十里至百丈，即其地。(《太平寰宇記》卷七十七、《輿地紀勝》卷一百四十七。)

石磐山

西有石室，口方一丈三尺，下有流泉，味甘。內有懸磬，聲聞數里。四面石床，高一丈。(《太平寰宇記》卷八十三。)

赤石城

入山七里至赤石城，有羊馬臺、三師壇。上五里至瀑布，水澗二百步，有二石梯，有一石笋，高三丈。過二石門，絕崖數百丈，下起常道觀。高峰下有冰六，時灑落，東北有二石室，名龍宮，可容百餘人。從龍宮過石室，至石梯，名龍橋，又有一石梯，洞穴深淺，莫知所極。西北有石室，宛然見存。又有黃帝壇，石法天地，上圓下方，闊一丈二尺。有十二角觀，東有石日月，各闊五尺，厚一尺二寸，相對柱上，烏兔煇鑠，方圓磅礡可觀。(《太平御覽》卷四十四。)

魏城縣

西溪東五十里有東西井，井西爲涪縣界。井東爲梓潼界。(《太平寰宇記》卷八十三。)

赤崖山

汶山郡北有赤崖山是也。(《輿地紀勝》卷一百五十一。)

白沙水

玉女房西五里有白沙溪，源出灌口，俗號滋茂池。後門又有白沙繩橋，過崇德廟十里，地名白沙，歲以江闊水湍，故造繩橋，以濟居民，及威茂二州往來者。(《輿地紀勝》卷一百五十一。)

漢加城

在青城縣南四十里有漢加城。(《輿地紀勝》卷一百五十一。)

折脚水

南國縣地名折脚水。(《輿地紀勝》卷一百五十二。此條，《輿地紀勝》言出李膺《志》。)

廣漢

廣漢郡西北，山崗長而平，因名。(《輿地紀勝》卷一百五十四。)

洛水

相林寺前清、皀二水是也。(《方輿勝覽》卷五十一。)

鳴湍折碑祠

梓潼有鳴湍折碑祠，西臨潼水，湍迅激流，俗呼「張湍祠」，亦呼爲「石碑祠」。(《太平寰宇記》卷八十四。此條，《寰宇記》言爲「李膺云」，不著書名。)

《成都記》　　梁李膺

除李膺《益州記》、李膺《蜀記》外，《輿地紀勝》卷一百六十四又引李膺《成都記》一條，其條目於李膺《益州記》「銅官山」條類，不知此條《成都記》是否即李膺《益州記》。茲單列於下。

銅官山

銅官山在中江縣西五十里，其山高於中峰，漢文帝賜鄧通卓王孫買而陶鑄之。按《漢書》，文帝賜鄧通屬嚴道銅山，得此鑄錢。(《輿地紀勝》卷一百六十四。)

《壽陽記》　宋王玄謨

　　王玄謨《壽陽記》，史志未著錄。玄謨（？-468），又稱元謨，字彥德，太原祁（今山西祁縣）人，《宋書》卷七十六有傳。歷仕武、少、文、孝武、廢、明諸帝，元嘉三十年（453）爲徐州刺史，孝建元年（454）六月爲豫州刺史，同年八月除豫州刺史，爲青、冀二州刺史。泰始二年（466），任江州刺史，卒於泰始四年（468）。此書當爲宋孝武帝孝建元年（454）左右，王玄謨任豫州刺史時所作。漢魏壽春縣，晉改爲壽陽縣，隋以後復名壽春。治今安徽壽縣。唐《歲華紀麗》、北宋《太平御覽》等引是書數條，南宋時書所引是書條目多與前代書同，或其南宋時已亡。劉緯毅《漢唐方志輯佚》輯是書。

望仙樓

　　正月七日，宋王登望仙樓會羣臣，父老集於城下〔一〕，令皆飲一爵，文武十人〔二〕，拜賀上壽。（《歲華紀麗》卷一。又見《歲時廣記》卷九、《事類備要》前集卷十五、《群書通要》甲集卷六。）

　　〔校記〕

　　〔一〕集於城下，《群書通要》無。

　　〔二〕文武十人，《群書通要》無。

立義樓

　　趙伯符爲豫州刺史，立義樓。每元日、人日、七夕月半〔一〕，乃於樓上作樂，樓下男女盛飾，遊觀行樂〔二〕。（《歲時廣記》卷九。又見《歲華紀麗》卷一。）

　　〔校記〕

　　〔一〕七夕月半，《歲華紀麗》作「七日月牛」。

　　〔二〕遊觀行樂，《歲華紀麗》作「遊看作」。

行城樂

　　梁、陳《典》曰：二月八日，行城樂歌，曰：「皎鏡壽陽宮，四面起香風。樓形若飛鳳，城勢似盤龍。」（《歲華紀麗》卷一、《歲時廣記》卷二十。此條，《路史》卷三十四作「《梁典》有四月八日行城樂」。按，此條言及梁、陳《典》，當爲後人所增。）

明義井

明義井者〔一〕，三伏之日，炎暑赫曦，男女行來，其氣短急，望見義井，則喜不可言，未至而憂，既至而樂，號爲懼樂井。（《歲時廣記》卷二十五。又見《太平御覽》卷三十一。）

〔校記〕

〔一〕者，《太平御覽》無。

明義樓南有明義井，夏有冷漿、甜飲、米飯、羅扇、羽扇，有三浴室，上以清王侯宰吏〔一〕，中以涼君子士流〔二〕，下以涼庶類也。（《太平御覽》卷二十二。又見《事類賦注》卷四。）

〔校記〕

〔一〕清，《事類賦注》作「浴」。

〔二〕涼，《事類賦注》作「浴」，下同。

明義樓南有三浴室，上以清王侯，中以涼君子，下以涼庶類。（《歲華紀麗》卷二。）

咄泉

咄泉在縣東北十里，淨界寺北一百步，其泉與地平，一無波浪，若人至其傍，大叫即大湧，小叫即小湧，若咄之湧彌甚，因名咄泉。按《壽陽記》云，一名玄女泉。（《太平寰宇記》卷一百二十九。）

按，此條，《壽陽記》後僅「一名玄女泉」句。不知此數句是否全出《壽陽記》，還是僅「咄泉，一名玄女泉也」句出自《壽陽記》。

義門社

州有義門社，有數百人，每至九日，於明義樓街作樂以受施，以供冬。（《太平御覽》卷三十二。）

《沙州記》　　宋段國

段國《沙州記》，史志不著錄，卷亡。段國，劉宋時人，生平、里籍不詳。《隋書·經籍志》有《吐谷渾傳》二卷，云：「宋新亭侯段國撰。」《南齊書·陸澄傳》言及段國事，二者應爲一人。《沙州記》，清張澍《二酉堂叢

書》有輯本。張澍以爲《吐谷渾傳》即《沙洲記》。《說郛》宛委山堂本、劉緯毅《漢唐方志輯佚》皆輯是書。沙州，前涼置，治敦煌，即今甘肅敦煌。

龍涸

以六月二十六日發龍涸，晝夜蕭蕭常寒，不復得脫襦袴。（《北堂書鈔》卷一百五十六。）

龍涸至大浸川

自龍涸至大浸川一千九百里，晝夜蕭蕭，常有風寒，七月雨便是雪，遙望四山，皓然皆白。（《太平御覽》卷十二。）

白馬關

龍涸北四十里，有白馬關，關甚嶮峻，使十人固險，雖萬夫亦不能前。（《藝文類聚》卷六。）

塞北數山

塞嶺北有木，不成數，山皆培塿小阜。（《北堂書鈔》卷一百五十七。）

河厲

吐谷渾於河上作橋，謂之河厲，長百五十步〔一〕，兩岸纍石作基陛，〔二〕節節相次，大木〔三〕從橫更〔四〕鎮壓，兩邊俱平，相去三丈，並大材以板橫次之，施鉤欄甚嚴飾。〔五〕（《水經注》卷二。又見《初學記》卷七。）

〔校記〕

〔一〕百，《初學記》作「一百」。

〔二〕此句，《初學記》作「橋兩岸累石作址階」。

〔三〕大木，《初學記》作「大材」。

〔四〕更，《初學記》作「更相」。

〔五〕此四句，《初學記》無。

洮水

洮水與墊江水俱出強臺山，山南即墊江源〔一〕，山東則洮水源〔二〕。（《水經注》卷二。又見《太平御覽》卷六十五、《太平寰宇記》卷一百五十四、《尚書說》卷二。）

〔校記〕

〔一〕即，《太平御覽》作「爲」。

〔二〕則，《太平御覽》作「即」；山東，《尚書說》作「山北」；《尚書說》此句後有「西傾，一名強臺」句。

洮水出強臺山。又曰：山東即洮水源，山南即墊江源也。（《初學記》卷八。）

洮陽城

強城東北三百里有曾城，城臨洮水者也。〔一〕（《水經注》卷二。又見《資治通鑒補》卷七十八。）

〔校記〕

〔一〕此句，《資治通鑒補》作「臨洮水，曰洮陽城」。

東洮至西洮

從東洮至西洮百二十里者也〔一〕。（《水經注》卷二。又見《後漢書·馬援列傳》李賢注。）

〔校記〕

〔一〕百，《後漢書》注作「一百」。

鹽從

自大嶺嶺北乙沸界屈海，海西南三百里有鹽從，闊半寸，形似石，味甚甜美，無忝河東也。（《北堂書鈔》卷一百四十六。）

女國

白蘭西南二千五百里，隔大嶺，又渡三十里海，即此女國也。（《太平寰宇記》卷一百八十六。）

黃沙

澆河郡西南一百七十里有黃沙，〔一〕南北一百二十里〔二〕，東西七十里〔三〕，西極大楊川，望之若人委糒糠於地，〔四〕不生草木，蕩然黃沙〔五〕，周迴數百里。〔六〕（《資治通鑒補》卷一百一十四。又見《太平御覽》卷七十四。）

〔校記〕

〔一〕此句，《太平御覽》作「澆河西有黃沙」。

〔二〕《太平御覽》「南北」前有「沙」字。

〔三〕七十，《太平御覽》作「七」。

〔四〕此句，《太平御覽》作「望黃沙猶人委乾糒地」。

〔五〕蕩然黃沙，《太平御覽》作「黃沙蕩然」。

〔六〕此句，《太平御覽》作「沙州取號焉」。

澆河西南百七十里有黃沙，沙南北百二十里，東西七十里，西極大楊川。望黃沙，猶若人委乾糒於地，都不生草木，蕩然黃沙，周廻數百里，沙洲於是取號焉。（《水經注》卷二。）

澆河西南有黃沙，周廻數百里，不生草木，州取名焉。（《尚書説》卷二。）

洮水

洮水出強臺山東北〔一〕，逕吐谷渾中。〔二〕自洮、強南北三百里中，地草皆是龍鬚，而無樵柴，謂之強川。（《資治通鑑補》卷一百一十四。又見《資治通鑑補》卷九十。）

〔校記〕

〔一〕東北，《資治通鑑補》卷九十作「東北流」。

〔二〕此句後，《資治通鑑補》卷九十以「又東北流入塞」結。

寒嶺

寒嶺去太陽川三十里〔一〕，便有雀鼠同穴〔二〕，雀亦如家雀，色小白，鼠亦如家鼠，色如黃瓦〔三〕，無尾〔四〕。（《太平御覽》卷九百二十二。又見《事類賦注》卷十九、《資治通鑑補》卷五十四、《詩地理考》卷六、《爾雅翼》卷二十三。）

〔校記〕

〔一〕太，《詩地理考》、《爾雅翼》作「大」；川，《事類賦注》、《資治通鑑補》、《詩地理考》、《爾雅翼》作「州」。

〔二〕此句，《資治通鑑補》以「有鳥鼠同穴之山」結；《詩地理考》、《爾雅翼》以「有雀鼠同穴之山」結。

〔三〕此句，《事類賦注》作「色黃」。

〔四〕無尾，《事類賦注》作「而無尾」。

鳥鼠同穴〔一〕

山有鳥鼠同穴者，〔二〕鳥如家雀而小白〔三〕，鼠小黃而無尾。凡同穴之地皆肥沃〔四〕，壤盡軟熟如人耕，多生黃花紫草。（《太平寰宇記》卷一百五十三。又見《太平御覽》卷四十。）

〔校記〕

〔一〕此條，與「寒嶺」條類，但文字有異，姑另置。

〔二〕此句，《太平御覽》無。

〔三〕而，《太平御覽》作「色」。

〔四〕之地，《太平御覽》作「地」。

羊鶺山

羊鶺山多巖石，少樹木，甚似魯國南鄒山，傍山北行三十里，遠眺顧瞻百里，但見山嶺巉巖，無尺木把草。(《太平御覽》卷五十。)

西王母樗蒲山

羊鶺嶺東北二百里有大山，遙望甚似東嶽岱山，極高大險峻，嵯峨崔嵬，頗有靈驗。羌胡父老傳云是西王母樗蒲山。(《太平御覽》卷五十。)

西強城

西弘城東有西強城，因山爲名，可容四百餘人。(《太平寰宇記》卷一百八十八。)

段國

國人年五十以上四齒皆落，將由地寒多障氣也。(《太平御覽》卷三百六十八。)

可蘭虜

大白蘭西北千二百里有可蘭虜，風俗卑陋，從開關後，口不知穀味，目不識五色，耳不聞六律五聲，是四夷中不臧者。土無所出，直大養群畜而已。戶落萬餘，然其人頑弱不鬭戰，忽見異人，舉國便走。(《太平御覽》卷七百九十七。)

吉魯爾之地

乞佛虜不識五穀，惟食蘇子。(《太平御覽》卷九百七十七。)

存疑

百頃池

仇池山號百頃，上有百頃池，壁立百仞，一人守道，萬夫莫向。(《說郛》宛委山堂本卷六十一。按，此條，《初學記》卷八亦引，云出《三秦記》。)

麻壘

枹罕城西有麻壘，壘中可容萬眾。(《駢字類編》卷一百七十七、《說郛》宛委山堂本卷六十一。此條，《駢字類編》、《說郛》皆言出段國《沙州記》。按，此條亦見《初學記》卷八，言出《秦州記》。)

洮水

洮水出彊臺山東，彊臺，西傾之異名也。其水東北流逕吐谷渾中，又東北逕曾城北，又東逕臨洮縣故城北，又北逕降狄道故城西，左會大夏川水，又北入河。(《禹貢錐指》卷十三上。此條，《禹貢錐指》言出《沙州記》，吳卓信《漢書地理志補注》卷五十三同。此條，張澍輯本收錄，云出《太平御覽》，《御覽》實無此文。此文乃《禹貢錐指》作者雜取《水經注》之文而成，惟「洮水出彊臺山」句為《沙州記》正文，餘皆非是。)

《永初（二年）郡國志》　佚名

《永初郡國志》，卷亡，史志不著錄。是書纂於南朝宋永初二年（421），故又名《永初二年郡國志》。是書《宋書·州郡志》徵引較多，唐宋諸書多不見引。王謨《漢唐地理書鈔》、劉緯毅《漢唐地理總志鉤沉》皆輯是書。

南徐州

（南徐州）又有南沛、南下邳、廣平、廣陵、盱眙、鍾離八郡。(《宋書·州郡志一·南徐州刺史》。)

南東海郡

（南東海郡）有襄賁、祝其、厚丘、西隰四縣。(《宋書·州郡志一·南東海太守》。)

南瑯琊郡

（南瑯琊郡）有陽都、費、即丘三縣。並割臨沂及建康為土。(《宋書·州郡志一·南瑯琊太守》。)

蓋縣

（南東莞郡）又有蓋縣。(《宋書・州郡志一・南東莞太守》。)

盱眙

（臨淮郡）又有盱眙縣。(《宋書・州郡志一・臨淮太守》。)

淮陵

（淮陵郡）又有下相、廣陽二縣令。(《宋書・州郡志一・淮陵太守》。)

南高平

（南高平郡）又有鉅野、昌邑二縣。(《宋書・州郡志一・南高平太守》。)

南濟陰國

（南濟陰國）又有句陽、定陶二縣。(《宋書・州郡志一・南濟陰太守》。)

南泰山郡

（南泰山郡）有廣平，寄治丹徒。領廣平、易陽、曲周三縣。(《宋書・州郡志一・南泰山太守》。)

鄄城

（南濮陽郡）又有鄄城縣。(《宋書・州郡志一・南濮陽太守》。)

廩丘

（陽平郡）又有廩丘縣。(《宋書・州郡志一・陽平太守》。)

山陽

山陽郡屬徐州。(《宋書・州郡志一・山陽太守》。)

南兗州

南兗州領十四郡。南高平、南平昌、南濟陰、南濮陽、南泰山、濟陽、南魯山郡，今並屬徐州。(《宋書・州郡志一・南兗州太守》。)

海陵

（海陵郡）屬徐州，領縣六（建陵、臨江、如皋、寧海、蒲濤、臨澤）。(《宋書・州郡志一・海陵太守》。)

廣陵郡

（廣陵郡）又有輿、肥如、路、眞定、新市五縣。（《宋書・州郡志一・廣陵太守》。）

新市四縣

新市四縣本屬遼西，則是晉末遼西僑郡省併廣陵也。（《宋書・州郡志一・廣陵太守》。）

秦郡

（秦郡）又領臨淦、平丘、外黃、沛、雍丘、浚儀、頓丘，凡七縣。（《宋書・州郡志一・秦郡太守》。）

沛郡

（沛郡）又有符離、洨、竹邑、杼秋四縣。（《宋書・州郡志一・南沛太守》。）

兗州

（兗州）有東郡、陳留、濮陽三郡。（《宋書・州郡志一・兗州太守》。）

泰山郡

（泰山郡）又有山茌、萊蕪、太原三縣。（《宋書・州郡志一・泰山太守》。）

任城

（高平郡）有任城縣。（《宋書・州郡志一・高平太守》。）

濟北郡

（濟北郡）有臨邑、東阿二縣。（《宋書・州郡志一・濟北太守》。）

歷陽郡

（歷陽郡）唯有歷陽、烏江、龍亢三縣。（《宋書・州郡志二・歷陽太守》。）

酇縣

南譙郡，又有酇縣。（《宋書・州郡志二・南僑太守》。）

南梁郡

（南梁郡）又有虞、陽夏、安豐三縣。（《宋書・州郡志二・南梁太守》。）

崇義令

崇義令，羌人始立。（《宋書·州郡志二·南梁太守》。）

陳郡

陳郡有扶溝、陽夏。（《宋書·州郡志二·陳郡太守》。）

義昌縣

安豐有義昌縣，蓋晉末嘗立郡。宋初廢爲縣也。（《通鑒》卷一百一十三「（晉安帝元興三年）劉道規爲義昌太守」胡三省注。）

潁川

（潁川郡）又有許昌、新汲、鄢陵、長社、潁陰、陽翟六縣，而無曲陽。（《宋書·州郡志二·潁川太守》。）

陳留

（陳留郡）無浚儀、封丘、而有酸棗。（《宋書·州郡志二·陳留太守》。）

濟南

（濟南）又有祝阿、於陵縣。（《宋書·州郡志二·濟南太守》。）

海昏

（豫章郡）有海昏。（《宋書·州郡志二·豫章太守》。）

建安

建安郡有綏成、沙村。（《宋書·州郡志二·建安太守》。）

義陽

（義陽郡）屬荊州。（《宋書·州郡志二·義陽太守》。）

鐘武

鐘武屬義陽。（《宋書·州郡志二·義陽太守》。）

歷陵

鄱陽郡有歷陵縣。（《宋書·州郡志二·鄱陽太守》。）

建平

（建平郡）有南陵、建始、信陵、興山、永新、永甯、平樂七縣。（《宋書·州郡志三·建平太守》。）

江夏

江夏太守，本治安陸，自此之後徙至夏口。（《通鑑》卷一百二十八「（宋孝武孝建元年）分荊、湘、江、豫州之八郡置郢州，治江夏」胡三省注。）

竟陵

竟陵郡有霄城、新陽。（《宋書·州郡志三·竟陵太守》。）

弋陽

西陽郡有弋陽縣。（《宋書·州郡志三·西陽太守》。）

南陽郡

（南陽郡）有比陽、魯陽、赭陽、西鄂、酇、葉、雉、博望八縣。（《宋書·州郡志三·南陽太守》。）

新野

（新野郡）有棘陽、蔡陽、鄧縣。（《宋書·州郡志三·新野太守》。）

武都

武都郡有河池、故道縣。（《宋書·州郡志三·武都太守》。）

安固

安固郡唯領桓陵一縣。（《宋書·州郡志三·安固太守》。）

秦州

秦州又有安固郡，又有南安固郡，元嘉十六年度益州。（《宋書·州郡志三·安固太守》。）

南太原郡

南太原郡又有清河、高堂縣。（《宋書·州郡志三·南太原太守》。）

清水縣

略陽郡有清水縣。(《宋書·州郡志三·略陽太守》。)

順陽

（順陽郡）有朝陽、武當、鄧、陰、泛陽、築、析、修陽，凡八縣。(《宋書·州郡志三·順陽太守》。)

京兆

（京兆郡）有藍田、鄭、池陽、南霸城、新康五縣。(《宋書·州郡志三·京兆太守》。)

始平

（始平郡）有始平、平陽、清水三縣。(《宋書·州郡志三·始平太守》。)

扶風郡

扶風郡有郿、魏昌縣。(《宋書·州郡志三·扶風太守》。)

南上洛

雍州有南上洛郡，寄治魏興。(《宋書·州郡志三·南上洛太守》。)

河南郡

（河南郡）有陽城、緱氏縣。(《宋書·州郡志三·河南太守》。)

廣平郡

廣平郡有易陽、曲周、邯鄲。(《宋書·州郡志三·廣平太守》。)

義成郡

（義成郡）有下蔡、平阿縣。(《宋書·州郡志三·義成太守》。)

梁州

梁州又有宕渠郡、北宕渠郡。(《宋書·州郡志二·南梁太守》。)

漢中

（漢中郡）又有苞縣、作中、懷安三縣。(《宋書·州郡志三·漢中太守》。)

上庸

上庸郡有上庸、廣昌、富安、新安、北吉陽。(《宋書・州郡志三・上庸太守》。)

晉壽

晉壽郡有南晉壽、南興樂、南興安、邵歡。(《宋書・州郡志三・晉壽太守》。)

南上樂郡

南上樂郡有陽亭、拒陽。(《宋書・州郡志三・南上洛太守》。)

南陰平郡

南陰平郡領陰平一縣。(《宋書・州郡志三・南陰平太守》。)

北陰平

北陰平，領陰平、綿竹、平武、資中、胄旨五縣。(《宋書・州郡志三・北陰平太守》。)

胄旨

胄旨縣，即宙底也。(《宋書・州郡志三・北陰平太守》。)

宕渠郡

宕渠郡，領宕渠、漢興、宣漢三縣，屬梁州。元嘉十六年，度屬益州。(《宋書・州郡志三・南宕渠太守》。)

北巴西郡

梁州有北巴西郡。(《宋書・州郡志三・北巴西太守》。)

北巴西郡

北巴西郡，領閬中、漢昌二縣。(同上。)

梓潼

梓潼郡，又有漢德、新興。(《宋書・州郡志四・梓橦太守》。)

西墊江縣

寧蜀郡，有西墊江縣。(《宋書・州郡志四・寧蜀太守》。)

越雟

越雟郡有新興、晉興。(《宋書·州郡志四·越雟太守》。)

沈黎

益州有沈黎郡。(《宋書·州郡志四·沈黎太守》。)

遂寧

益州有遂寧縣。(《宋書·州郡志四·遂寧太守》。)

西縣

懷寧郡有西縣。(《宋書·州郡志四·懷寧太守》。)

西河陽郡

西河陽郡,領楪榆、遂段、新豐三縣。(《宋書·州郡志四·東河陽太守》。)

西寧

西平郡有西寧縣。(《宋書·州郡志四·西平太守》。)

雲南

雲南郡有東古復縣、西古復縣。(《宋書·州郡志四·雲南太守》。)

蒼梧

蒼梧郡,有高要、建陵、寧新、都羅、端溪、撫寧六縣。(《宋書·州郡志四·蒼梧太守》。)

新甯郡

新甯郡,有平興、永城、南興、新興、博林、甘東、單牒、威平。(《宋書·州郡志四·新寧太守》。)

晉康

晉康郡治龍鄉,又有封興、蕩康、思安、遼安、開平縣。(《宋書·州郡志四·晉康太守》。)

永平

永平郡,有雷鄉、盧平、員鄉、逋寧、開城五縣。(《宋書·州郡志四·永平太守》。)

鬱林

鬱林郡有安遠、程安、威定、中胄、歸化五縣。(《宋書·州郡志四·鬱林太守》。)

桂林

桂林郡有常安、夾陽二縣。(《宋書·州郡志四·桂林太守》。)

高涼

高涼又有石門、廣化、長度、宋康四縣。(《宋書·州郡志四·高涼太守》。)

盆允

盆允令，故屬南海。(《宋書·州郡志四·新會太守》。)

《永初山川古今記》　齊劉澄之

劉澄之《永初山川古今記》，《隋書·經籍志》、《新唐書·藝文志》皆言二十卷，齊都官尚書劉澄之撰。劉澄之，劉宋宗室，父遵考，高祖族弟。生卒年不詳。《宋書·順帝本紀》言其昇明元年八月爲南豫州刺史，入齊後爲都官尚書。《永初山川古今記》，諸書徵引時多言《永初山川記》、《永初記》等。姚振宗《隋書經籍志考證》言諸書徵引之劉澄之《揚州記》、《荊州記》、《豫州記》皆爲《永初山川古今記》之其中篇目。觀其所記，確有與各州郡記相同者，如「蔡子池石硯」條，《宋永初山川古今記》存，同條又出劉澄之《江州記》，姚氏所言，或是也。

縉雲堂

永康縣〔一〕縉雲堂，黃帝練丹處〔二〕。(《太平御覽》卷一百七十六。又見《初學記》卷二十三、《仙都志》卷上。)

〔校記〕

〔一〕永康縣，《初學記》、《仙都志》無。

〔二〕處，《初學記》無，《仙都志》作「之所」。

永寧有黃帝鍊丹處。(《路史》卷十四。)

永寧縣有縉雲堂是矣。(《路史》卷二十五。)

伏流縣

陸渾縣西有伏流阪者也。(《水經注》卷十五、《資治通鑒補》卷一百五十八。)

氾水

郭緣生《述征記》、劉澄之《永初記》，竝言高祖即帝位於是水之陽，今不復知舊壇所在。盧諶、崔雲，亦言是矣。(《水經注》卷五。此條，《水經注》所引將郭、劉二家地記合竝。揣劉澄之《永初記》完整格式應爲「氾水，高祖即帝位於是水之陽。」)

介山

子推所逃隱於是山，即實非也。(《水經注》卷六。)

仙童祠

漢武帝見一童子，曰：「吾居丹洞，使往西田。」說訖上昇，遂立祠。(《新定九域志》卷四。)

洛陽城

城之西面有陽渠，周公制之也。(《水經注》卷十六、《玉海》卷二十一。)

濮水

水經濮水，源出大駓山，東北流注泗，衛靈聞音於水上，殊爲乖矣。(《水經注》卷二十二。)

濮水，源出東郡。(《通鑒地理通釋》卷八。)

彌黎城

(彭)城之西南有彌黎城者也。獲水於彭城西南廻而北流，逕彭城，城西北舊有楚大夫龔勝宅，即楚老哭勝處也。(《水經注》卷二十三。)

夏水

夏水，《古文》以爲滄浪，漁父所歌也。因此言之，水應由沔。〔一〕(《水經注》卷三十二。又見《楚辭章句》補注卷四。)

〔校記〕

〔一〕此二句，《楚辭》章句無。

漢水，古爲滄浪，即《漁父》所云「滄浪之水清」〔一〕。今滄浪之水合流出鄲城北界山，此盖後人名之，非古滄浪也。〔二〕（《太平御覽》卷六十五。又見《太平寰宇記》卷一百一十八、《緯略》卷六。）

〔校記〕

〔一〕清，《緯略》無。

〔二〕此三句，《緯略》無。

沔口古以爲滄浪水，即屈原遇漁父作歌〔一〕處。（《方輿勝覽》卷二十七。又見《太平御覽》卷一百六十九。）

〔校記〕

〔一〕作歌，《太平御覽》無。

沔口，古文以爲滄浪水，即屈原遇漁父所云〔一〕「滄浪之水清兮」是也。（《太平寰宇記》卷一百三十一。又見《輿地紀勝》卷七十九。）

〔校記〕

〔一〕所云，《輿地紀勝》作「以爲」。

夏水是江流，沔非沔，入夏。（《輿地紀勝》卷六十六。）

白狗峽

歸鄉縣有白狗峽，形影起伏如狗。（《編珠》卷一。）

金水

新安縣有金水。（《編珠》卷一。）

梓澤

梓澤，地名，去王城二十四里。（《初學記》卷八。）

安定

安定，昆戎舊壤也。（《初學記》卷八。）

安定處山谷之間，昆戎舊壤，迫近夷狄，修習武備，人皆以馳射爲事。（《太平御覽》卷一百六十四。）

安定，昆戎壤也。（《太平寰宇記》卷三十二。）

梅池

廣陵縣東有梅池。（《初學記》卷八。）

饒州

饒州地名曰梅池。(《書敍指南》卷十四。)

燃石

建城縣西有羊山，有然石，色黃白而理疎，以水灌之便熱，可煮物，故謂之〔一〕然石。(《初學記》卷八。又見《錦繡萬花谷》後集卷六。)

〔校記〕

〔一〕之，《錦繡萬花谷》無。

　　(高〔一〕安)縣西有羊山，山上〔二〕有燃石，黃白而理粗，以水灌之便熱若石炭，以鼎置上，烹煮可熟。〔三〕(《太平寰宇記》卷一百零六。又見《太平御覽》卷四十八、《輿地紀勝》卷二十七。)

〔校記〕

〔一〕高，《太平御覽》作「商」。

〔二〕上，《太平御覽》無。

〔三〕「黃白而理粗」數句，《輿地紀勝》無。

熱泉

皮縣有熱泉，如湯，以生物投之，須臾爛熟。(《初學記》卷八、《錦繡萬花谷》後集卷六。)

艾縣有熱泉，泉如湯，以生物投之即爛。(《太平寰宇記》卷一百零六、《輿地紀勝》卷二十七。)

興平石穴

興平石穴，深二百許丈〔一〕，石青色，堪爲硯。(《初學記》卷二十一。又見《太平御覽》卷六百零五。)

〔校記〕

〔一〕丈，《太平御覽》無。

蔡子池

興平縣蔡子池穴〔一〕，深二百丈〔二〕，石青〔三〕，堪硯〔四〕。(《硯箋》卷三。又見《緯略》卷六。)

〔校記〕

〔一〕穴，《緯略》無。

〔二〕此句，《緯略》作「南有石百丈許」。

〔三〕石青，《緯略》作「石青色」。

〔四〕堪硯，《緯略》作「堪爲硯」。

戲馬臺

鼓城西南有戲馬臺。（《初學記》卷二十四。）

聽政門

魏武聽政殿前，有聽政門。（《初學記》卷二十四、《太平御覽》卷一百八十三。）

鄣氣

寧州鄣氣蔼露，四時不絕。（《文選・詩戊・樂府下・苦熱行》李善注、《太平御覽》卷十五、《東坡詩集注》卷十五。）

舜廟

蒲阪城中有舜廟，城外有舜宅及二妃壇。（《史記・五帝本紀》張守節正義。）

共爭邊中

宋何承天與智嚴慧觀〔一〕法師共爭邊中，法師云：「西域之地〔二〕，立夏〔三〕之日，正中時〔四〕，豎木〔五〕無影。漢國影臺，立夏之日期去表，〔六〕猶餘陰在。依算經，天上一寸，地下千里。」何乃悟焉，中邊始定，約事爲論，中天竺國則地之中〔七〕，震旦自可爲東，方別距海五萬餘里。若准此土，東約海濱，便可迦維，未肯爲西，其理驗矣。〔八〕（《辯正論》卷六。又見《廣弘明集》卷十三。）

〔校記〕

〔一〕慧觀，《廣弘明集》無。

〔二〕西域之地，《廣弘明集》作「中天竺地」。

〔三〕立夏，《廣弘明集》作「夏至」。

〔四〕正中時，《廣弘明集》作「日正中時」。

〔五〕木，《廣弘明集》作「晷」。

〔六〕此句，《廣弘明集》作「至期立表」。

〔七〕中，《廣弘明集》作「中心」。

〔八〕「震旦」數句，《廣弘明集》作「方別巨海五萬餘里，若准此土，東約海濱，便可震旦。本自居東迦維，未肯爲西，其理驗矣。」

却月城

河口北岸臨江水，有却月城。（《太平寰宇記》卷一百三十一。此條，摘引自文淵閣四庫全書補配古逸叢書本《太平寰宇記》，金陵書局本《寰宇記》無此條。）

長壽山

鄱陽長壽山，山〔一〕形似馬，白雲出於鞍中，不〔二〕崇朝而雨。（《太平御覽》卷十一。又見《事類賦注》卷三。）

〔校記〕

〔一〕山，《事類賦注》無。

〔二〕不，《事類賦注》無。

黎

古黎國也〔一〕。《詩》云「黎候寓於衛」，衛以中露，泥中二邑處之，以國名也。（《太平寰宇記》卷五十七。又見《太平御覽》卷四十五。）

〔校記〕

〔一〕此句，《太平御覽》作「黎，國也」。

黎陽，古黎國也。《詩》曰：「黎侯寓於衛」是也。（《太平御覽》卷一百六十一。）

鼓山

鼓山，有〔一〕石鼓形二所，南北相當。俗語云，〔二〕南鼓北鼓，相去十五里。〔三〕（《太平寰宇記》卷五十六。又見《太平御覽》卷四十五。）

〔校記〕

〔一〕有，《太平御覽》作「如」。

〔二〕此句，《太平御覽》無。

〔三〕此二句，《太平御覽》作「南北相當，二鼓相去十里。」

敬亭山

宛陵北有敬亭山〔一〕，山有神祠，即謝朓賽雨賦詩之所。其神云梓華府君，頗有靈驗。〔二〕（《太平御覽》卷四十六。又見《太平寰宇記》卷一百零三。《輿地紀勝》卷十九。）

〔校記〕

〔一〕敬，《輿地紀勝》作「昭」。

〔二〕此數句，《輿地紀勝》無。

旋潭

昭山下有旋潭，深無底，是湘水最深之處。昔有舟人覆於此潭，其槽並甌有名題號，後於洞庭尋得，即知暗通也。〔一〕（《太平御覽》卷四十九。又見《太平寰宇記》卷一百一十四。）

〔校記〕

〔一〕此三句，《太平寰宇記》作「其甌後於洞庭得之，即知暗通也。」

積弩堂

費北有積弩堂，晉成帝作。〔一〕（《初學記》卷二十四。又見《太平御覽》卷一百七十六。）

〔校記〕

〔一〕晉成帝作，《太平御覽》無。

羚羊

九眞都龍縣有麢羊，大如犢牛。（《太平御覽》卷九百零二。）

髯蛇

髯蛇吞鹿，至角乃止。（《太平御覽》卷九百零六。）

大蛇

興古郡有大蛇名青怱，有大蛇名赤頸。（《太平御覽》卷九百三十四。）

飛蛇

柴垟〔一〕縣有飛蛇。（《太平御覽》卷九百三十四。又見《事類賦注》卷二十八。）

〔校記〕

〔一〕垟，《事類賦注》作「桑」。

魯山

沔陽縣東有魯山，山上有胡公祠。〔一〕（《太平寰宇記》卷一百三十一。又見《輿地紀勝》卷七十九。）

〔校記〕

〔一〕此句，《輿地紀勝》無。

安陸縣

安六縣居鄖城。（《太平寰宇記》卷一百三十二。）

尸鄉

尸鄉有石室，有仇生者居焉。（《太平寰宇記》卷五。）

祝雞翁

祝雞翁者，洛陽人，居尸鄉山下，養雞百餘年。（《太平寰宇記》卷五。）

陶唐氏

堯先居唐〔一〕，後居陶〔二〕，故〔三〕曰「陶唐氏」。（《太平寰宇記》卷十三。又見《路史》卷二十。）

〔校記〕

〔一〕唐，《路史》作「陶」。

〔二〕陶，《路史》作「唐」。

〔三〕故，《路史》無。

昌山

昌陽縣有昌水。（《太平寰宇記》卷二十。）

昆吾亭

安邑有昆吾亭，古昆吾國也。（《太平寰宇記》卷四十六。）

廬陵故城

此城中有井，井〔一〕水色有二，半青半黃，黃者如灰，作飲粥〔二〕並金色，而甚芬香。（《太平寰宇記》卷一百零九。又見《輿地紀勝》卷三十一。）

〔校記〕

〔一〕井，《輿地紀勝》無。

〔二〕飲粥，《輿地紀勝》作「粥飲」。

寒泉井

長沙有寒泉，炎夏飲之，令人寒顫。（《太平寰宇記》卷一百一十四。）

九宗山

吉陽縣西有九宗山。（《太平寰宇記》卷一百三十二。）

雲夢澤

雲夢澤，一名巴丘湖，荊州之藪。故魏武帝與吳主書云：「赤壁之困，過雲夢澤中有大霧，遂使失道。」是此。（《太平寰宇記》卷一百四十六。）

九嶷山

其山環阜疊嶂，林麓深杳，中有圓明寺，大谿橫前，景物幽趣，蓋不減長安之九嶷也。(《輿地紀勝》卷七十七。)

大石

宜都郡有二大石，一爲陽，一爲陰，鞭陰石則雨，鞭陽石則晴。(《初學記》卷二。)

存疑

除諸書所引劉澄之《永初山川記》、《永初山川古今記》外，《太平寰宇記》等書又引《山川記》、《古今記》等數條，考慮到東晉袁山松亦有《宜都山川記》，不知諸書所引《山川記》是否爲劉澄之著，茲存疑，單列於下。另外，《水經注》所引劉澄之諸記，時有不標明篇名而僅言爲「劉澄之記」者，亦列於下。

王山

祈禱之時，有人悞喚奴者，則隨其所犯鄉境雨至，必見雲開，卒無沾潤。(《太平寰宇記》卷一百零九。按，此條，《寰宇記》僅言出《山川記》，不知是否即《永初山川古今記》。)

包茅

野有香茅，貢以縮酒。(《太平寰宇記》卷一百一十六。按，此條，《寰宇記》僅言出《山川記》，不知是否爲《永初山川古今記》。)

吳王女墓

夫差小女曰玉女，年十八，童子韓重私悅之。王怒，女結恨而死。葬後，重往弔之，女形見，贈徑寸明珠以送重。(《太平寰宇記》卷九十一、《輿地紀勝》卷五。此條，《寰宇記》、《輿地紀勝》僅言出《山川記》，不知是否爲《永初山川古今記》。)

石山

臨安縣有石鏡，在山之東峰。(《太平寰宇記》卷九十三。此條，《寰宇記》僅言出《山川記》，不知是否爲《永初山川古今記》。)

荊棺

荊棺峽璧隙有棺，以荊爲之，昔人有九子，父死不能葬，一女編荊爲棺，不知其人矣。諺曰：「九子不葬父，一女打荊棺。」（《天中記》卷十八。按，此條，《天中記》言出《古今記》，未言作者，不知是否爲《永初山川古今記》。）

禪陵

以漢禪魏，故以名焉。（《後漢書·孝獻帝紀》李賢等注。此條，《後漢書》注言出「劉澄之《地記》，不知是否即劉澄之《永初山川記》。）

白馬塞

有白馬塞，孟達登之長歌。可謂於川土竦安矣。（《水經注》卷五。此條，《水經注》言爲「劉澄之云」，不知其具體篇名。茲列於此。）

棘津亭

譙都鄼縣東北有棘津亭，故邑也。呂尚所困處也。（《水經注》卷五。此條，《水經注》言爲「劉澄之云」，不知其具體篇名。茲列於此。）

澗水

新安有澗水，源出縣北，又有淵水，未知其源。（《水經注》卷十六。此條，《水經注》僅言爲「劉澄之云」，不著篇名，茲列於此。）

孝水

劉澄之又云出檀山。（《水經注》卷十六。此條，《水經注》僅言爲「劉澄之云」，不著篇名，茲列於此。）

沔水

有水從阿陽縣南至梓潼、漢壽入大穴，暗通岡山。（《水經注》卷十九，此條，《水經注》言爲「劉澄之云」，但不言具體篇名，茲列於此。）

冒山

（蕭）縣南有冒山。（《水經注》卷二十三。此條，《水經注》言爲「劉澄之云」，但不言具體篇名，茲將其置於此。）

白溝水

獲水又東，淨淨溝水注之。水上承梧桐陂，西北流，即劉中書澄之所謂

白溝水也。(《水經注》卷二十三。《水經注》所引此條「白溝水」，應即出劉澄之地記，但不言具體篇名，所引格式亦不完整，僅附於此。)

凌冢

　　(安陂) 水旁有石墓，宿經開發，石作工奇，殊爲壯構，而不知誰冢，疑即澄之所謂凌冢也。(《水經注》卷二十三。《水經注》所引此條僅言出「劉澄之」，但不著篇名，僅附於此。)

箕山

　　沐水左與箕山之水合，水東出諸縣西箕山。劉澄之以爲許由之所隱也，更爲巨謬矣。(《水經注》卷二十六。此條，《水經注》引自劉澄之《地記》，但不著其篇名，其完整格式亦未詳。)

沅水

　　沅水自壺頭枝分，跨三十三渡，逕交趾龍編縣，東北入於海。(《水經注》卷三十七。此條，《水經注》僅言爲「劉澄之言」，不著篇名，僅列於此。)

橫流溪

　　劉澄之謂爲一涯溪，通四會殊爲孟浪而不悉也。(《水經注》卷三十九。此條，《水經注》言爲劉澄之所言，但不著篇名，僅列於此。)

贛縣

　　縣西南有章水，西有貢水，縣治二水之間，二水合「贛」字，因以名縣焉。(《水經注》卷三十九。此條，《水經注》言爲劉澄之所言，但不著篇名，僅列於此。)

梁山

　　濟水又北逕梁山東，袁宏《北征賦》曰：背梁山，截汶波，即此處也。劉澄之引是山以證梁父，爲不近情矣。(《水經注》卷八。此條，《水經注》所引劉澄之所記格式不完整，他書所引無與此條近者，無法推斷其完整格式，茲列於此。)

星母山

　　漢明帝母詣溫湯，於此山置營幕，因以爲名。(《新定九域志》卷五。此條，《新定九域志》言出劉道之《山川記》，不知是否爲劉澄之《永初山川記》之誤。)

《豫州記》 齊劉澄之

劉澄之除著有《永初山川古今記》二十卷外，各書徵引又有其《揚州記》、《荆州記》、《廣州記》等。姚振宗《隋書經籍志考證》以爲諸記均是《永初山川古今記》之篇目。晉南渡後，豫州僅存譙郡，宋割揚州大江以西屬豫州，又分淮東爲南豫州，治歷陽。淮西爲豫州，治壽春，今安徽壽縣。

芍陂笠澤

陵縣北有芍陂湖〔一〕。魏將王陵與吳將張休交戰處。(《初學記》卷七。又見《太平御覽》卷六十六。)

〔校記〕

〔一〕此句，《太平御覽》作「陳縣地有芍陂湖」。

三山五渚

城父縣有巢湖，〔一〕週五里，湖中有三山，湖南有四鼎山。(《初學記》卷七。又見《太平御覽》卷六十六。)

〔校記〕

〔一〕《太平御覽》「週」前有「湖」字。

存疑

鸞崗

洪井西有鸞崗，舊說云洪崖先生乘鸞所憩處也。鸞崗西有鶴嶺，云王子喬控鶴所經處也。」(《文選·詩乙·遊覽·從冠軍建平王登廬山香爐峰》李善注。)

按，《文選》注言此條出張僧鑒《豫州記》，明·胡之驥《江文通集注》沿《文選》注之說，亦言此條爲張僧鑒《豫州記》，清·張玉書《御定佩文韻府》亦沿此說。但《文選·賦辛·志下·別賦》李善注言此條出「張僧鑒《豫章記》，又按各書所載，張僧鑒僅作《豫章記》一種，並未著過《豫州記》，「州」，當爲「章」之誤也。

《揚州記》　齊劉澄之

劉澄之《揚州記》，卷亡，史志不著錄。揚州，劉宋時治建康，今江蘇南京。此書南宋時《輿地紀勝》仍錄，或其南宋時仍存。

松江

吳縣有松江，自吳入海。（《初學記》卷六。）

白鵝

新成縣東有俱山，山上有湖，湖中有白鵝一隻，時時飛來，不可常見。（《初學記》卷七、《太平御覽》卷六十六。）

馬鞍山

婁縣有馬鞍山，天將雨，輒有雲起〔一〕來映此山。山出〔二〕雲應之乃大雨。（《太平御覽》卷八。又見《（咸淳）玉峰續志》。）

〔校記〕

〔一〕起，《（咸淳）玉峰續志》無。

〔二〕出，《（咸淳）玉峰續志》作「亦出」。

《江州記》　齊劉澄之

劉澄之《江州記》，卷亡，史志不著錄。江州，初治豫章，後移武昌，而久駐潯陽，潯陽，即今江西九江。

石穴

興平縣蔡子池〔一〕南有石穴，深二百許丈〔二〕，石青色〔三〕，堪爲書硯〔四〕。（《太平御覽》卷五十二。又見《初學記》卷五、《事類賦注》卷十五、《杜工部草堂詩箋》卷二十五。此條，高似孫《緯略》言出《宋永初山川古今記》。）

〔校記〕

〔一〕池，《杜工部草堂詩箋》誤作「地」。

〔二〕二百許丈，《事類賦注》、《杜工部草堂詩箋》作「二百丈許」。

〔三〕青色，《初學記》、《事類賦注》、《杜工部草堂詩箋》作「色青」。
〔四〕書硯，《初學記》作「書研」。

《荊州記》　　齊劉澄之

劉澄之《荊州記》，卷亡，史志不著錄。荊州，劉宋時治江陵，今湖北江陵縣。

雲夢澤

華容縣東南有雲夢澤，一名巴邱〔一〕湖，荊〔二〕之藪也。（《初學記》卷七。又見《北堂書鈔》卷一百五十九、《太平御覽》卷六十六。）

〔校記〕

〔一〕邱，《北堂書鈔》、《太平御覽》作「丘」。

〔二〕荊，《太平御覽》作「荊州」。

存疑

陶朱冢

陶朱冢在華容縣，樹碑云是越之范蠡，晉《太康地記》、盛弘之《荊州記》、劉澄之《記》，竝言在縣之西南。郭仲產言在縣東十里。（《水經注》卷三十二。《水經注》所引此條合眾家地記，不知其所言劉澄之《記》具體條目爲何。此處所言華容縣，實屬荊州，劉澄之《記》，應爲劉澄之《荊州記》。）

《梁州記》　　齊劉澄之

劉澄之《梁州記》，卷亡，史志不著錄。劉宋時梁州，治南鄭，今陝西漢中。

白水關

關城西南有白水關。（《後漢書·隗囂公孫述列傳》李賢等注、《資治通鑒補》

卷四十二。）

關地西南百八十里，有白水關。昔李固解印綬處。〔一〕（《初學記》卷七。又見《資治通鑒補》卷四十二。）

〔校記〕

〔一〕此句，《資治通鑒補》無。

《梁州記》　佚名

除劉澄之《梁州記》外，唐宋時期各書所引《梁州記》又有不著明作者的一種，其中，《太平寰宇記》卷一百三十三所引佚名《梁州記》有言宋明帝時事，當其成書在劉宋以后。此數條佚名《梁州記》，或即劉澄之《梁州記》。謹愼起見，謹將其單列。

万石城

萬石城泝漢上七里，有褒谷口，南口曰褒，北口曰斜。（《文選‧銘‧劍閣銘》李善注。）

方石城泝漢上七里有褒谷，其南口曰褒，北口曰斜，長四百七十里，在劍閣之南，鄭子眞所耕在此谷口。（《杜工部草堂詩箋》卷十二。）

萬石城泝漢上七里有褒谷，南口曰褒，北口曰斜，長四百七十里，褒水通沔，斜水通渭，選右界褒斜。（《五百家注昌黎文集》卷三十。）

褒縣舊城

入褒谷口十四里，有褒縣舊城。北有風穴，此穴中常有風。山去穴三四里內無復草木。（《北堂書鈔》卷一百五十八。）

漢水

漢水南有溫泉，周圍〔一〕數千步，多夏常沸涌〔二〕若湯，其熱可〔三〕熟雞子，未至二十里，便〔四〕望見白氣衝天。（《初學記》卷七。又見《古今合璧事類備要》卷九、《事文類聚》前集卷十八。）

〔校記〕

〔一〕圍，《古今合璧事類備要》、《事文類聚》作「迴」。

〔二〕涌，《古今合璧事類備要》無。

〔三〕可，《古今合璧事類備要》無。

〔四〕便，《古今合璧事類備要》、《事文類聚》作「即」。

漢水南溫冬夏常熱若湯，其熱可熟雞子。（《白氏六帖事類集》卷二。）

七女池

明月池南二里〔一〕，有七女池。（《藝文類聚》卷九。又見《海錄碎事》卷三下。）

〔校記〕

〔一〕二里，《海錄碎事》無。

定軍山

武侯壘東南有定軍山，入山十餘里，有諸葛武侯墓，鍾會征蜀，至漢川，祭亮之廟，令軍士不得於墓蒭牧樵採，今松柏碑銘儼然。（《藝文類聚》卷四十。）

沔陽城

沔陽城，先沔陽縣所治也，在漢水南，舊蕭何所築也。劉備爲漢王，權住此城，盟於城下，今門外有盟壇猶存。（《藝文類聚》卷六十四、《太平御覽》卷一百八十五。）

唐公房祠

智水北智鄉山，有仙人唐公房祠，有一碑，廟北有大坑，碑云是其舊宅處，公房舉宅登仙，故爲坑焉。（《藝文類聚》卷九十五。）

有仙人唐公房祠，有碑一所，北有大坑，碑文云是其舊宅，公房舉宅登仙，故以爲坑也，旁有穴道包山洞庭。（《北堂書鈔》卷一百五十七。）

仙人唐公房祠有碑一所，廟北有大坑，碑文云是其舊宅處，公房舉宅登仙，故爲坑焉。山有易腸鼠，一月吐易其腸，束廣微所謂唐鼠者也。（《太平御覽》卷九百一十一。）

讓水

梁西南十里有讓水。（《初學記》卷八。）

龍亭縣

龍亭縣屬儻城〔一〕。（《初學記》卷八。又見《太平寰宇記》卷一百三十八。）

〔校記〕

〔一〕儻城，《太平寰宇記》作「儻城郡」。

洋州地名曰龍亭。（《書敍指南》卷十四。）

忠城郡

後魏合〔一〕華陽、金城二郡爲忠誠〔二〕郡，領亭鄉〔三〕、錫城、金川三縣即此地〔四〕。（《太平寰宇記》卷一百四十一。又見《初學記》卷八。）

〔校記〕

〔一〕《初學記》缺「合」字。

〔二〕誠，《初學記》作「城」。

〔三〕亭鄉，《初學記》作「鄉亭」。

〔四〕即此地，《初學記》無。

漢高帝廟

洵陽縣南山下有漢〔一〕高帝廟。（《初學記》卷八。又見《輿地紀勝》卷一百八十九。）

〔校記〕

〔一〕漢，《輿地紀勝》無。

洵陽縣南山下有漢高帝廟。（《太平寰宇記》卷一百四十一。）

金銅溪

益昌縣東山西北有金銅溪，溪出金，因以爲名。（《初學記》卷八、《錦繡萬花谷》後集卷六。）

雁塞山

梁州縣〔一〕界有雁塞山〔二〕。傳云〔三〕此山有大池水，雁棲集之，〔四〕故因名曰雁塞。〔五〕（《初學記》卷三十。又見《太平御覽》卷九百一十七、《古今合璧事類備要》別集卷三、《古今合璧事類備要》別集卷六十六、《事文類聚》後集卷四十六。）

〔校記〕

〔一〕縣，《古今合璧事類備要》別集卷六十六、《事文類聚》無。

〔二〕山，《古今合璧事類備要》別集卷三無。

〔三〕傳云，《古今合璧事類備要》別集卷六十六、《事文類聚》作「相傳」。

〔四〕此句，《古今合璧事類備要》別集卷六十六、《事文類聚》作「雁棲集」。

〔五〕此句，《古今合璧事類備要》別集卷三、別集卷六十六、《事文類聚》作「故名雁塞」；故，《太平御覽》作「固」。

漢武堆

南鄭城泝漢上五十里，水邊有漢武堆，漢武嘗遊此，以爲釣臺，後人觀其崇基，謂之漢武堆也。（《北堂書鈔》卷一百五十七、《太平御覽》卷五十六。）

張駿冢

咸寧中，有盜竊發張駿冢，得白玉笛。（《樂書》卷一百三十六。）

范栢年

范栢年因出，謁宋明帝，言及廣州貪泉，因謂曰：「卿州復有此否？」答曰：「梁州惟有文川、武鄉、廉泉、讓水。」曰：「卿宅何在？」曰：「在廉讓間。」（《蜀鑒》卷七。）

范柏年，漢中人，常謁宋明帝，因言及南海貪泉，帝問柏年曰：「卿鄉中有此水否？」柏年對曰：「臣漢中惟有文川、武鄉、廉泉、讓水，足以表名。」帝善其對。（《太平寰宇記》卷一百三十三。）

范栢年，漢中人，嘗謁宋明帝，因言曰：「臣漢中唯有文山、武鄉、廉泉、讓水。」帝善其對。（《輿地紀勝》卷一百八十三。）

美農臺

後漢安帝時，太守桓宣〔一〕每至農月，親載耒耜以登此臺勸民，故後號曰「美農〔二〕臺」。（《太平寰宇記》卷一百三十三。又見《輿地紀勝》卷一百八十三。）

〔校記〕
〔一〕桓宣，《輿地紀勝》作「宣桓」。
〔二〕農，《輿地紀勝》作「丰」。

玉女山

肥城東南有〔一〕玉女山，山上〔二〕有一〔三〕石穴，中若房宇〔四〕，有玉女八人〔五〕不出，穴前有修竹，下有石壇，風來動，掃〔六〕壇如箒。（《太平寰宇記》卷一百三十五。又見《太平御覽》卷四十四、《輿地紀勝》卷一百八十四。）

〔校記〕
〔一〕有，《輿地紀勝》無。
〔二〕上，《太平御覽》無。
〔三〕一，《輿地紀勝》作「十」。
〔四〕此句，《輿地紀勝》作「穴中若房宇」。

〔五〕八人，《太平御覽》作「入穴」。

〔六〕掃，《太平御覽》作「拂」。

龍門

葱嶺有〔一〕石穴，高數十丈，其狀如門，〔二〕俗號爲龍門。〔三〕（《太平寰宇記》卷一百三十五。又見《輿地紀勝》卷一百八十四、《方輿勝覽》卷六十六。）

〔校記〕

〔一〕有，《輿地紀勝》、《方輿勝覽》無。

〔二〕此句，《輿地紀勝》作「狀如門」，《方輿勝覽》作「如門」。

〔三〕此句，《輿地紀勝》作「故俗號爲龍門山」，《方輿勝覽》作「亦名龍洞山」。

燕子谷

東山之北有燕子谷，中有好磬石。（《太平寰宇記》卷一百三十五。）

鐵城

戍，水陸艱險，在縣西北八十里。即張魯所築，南接漢川，北枕古道，俗號爲鐵城是也。（《太平寰宇記》卷一百三十八。）

黃金戍

黃金戍，水陸艱險，即張魯所筑。按宋元嘉中，氐王楊難當（嘗）遣薛健據黃金戍，爲蕭承之所拔，蕭坦又拔鐵城戍，拔之則是黃金鐵城，自是兩戍，今並在。（《輿地紀勝》卷一百九十。）

嶓冢山

漢水發源隴西之氐道縣嶓冢山南。（《太平寰宇記》卷一百五十。）

漢水發源隴西氐道縣之嶓冢山，東至於夏口，合江、綿，帶四州之城，經途五千餘里，謂之沔水。（《太平御覽》卷六十二。）

諸葛武侯陣

沔陽城泝漢上十五里，有諸葛武侯所鎮，在漢水南，背山向水，門前累石以爲陣。水至，壞其行列；水去，輒復故也〔一〕。（《北堂書鈔》卷一百五十八。又見《事類賦注》卷七、《太平御覽》卷五十二。）

〔校記〕

〔一〕「水至」數句，《太平御覽》無。

魚池

黑水村有魚池，池上立美臺，下四周有水，左右官良田數十頃，故以美農爲名。（《太平御覽》卷八百二十二。）

《梁山州記》　　佚名

除《梁州記》外，《北堂書鈔》又引《梁山州記》一條，不著作者，茲單列於下。

褒谷

入褒谷口內有風，出去三四里，內無復草木。（《北堂書鈔》卷一百五十一。）

《鄱陽記》　　齊劉澄之

劉澄之《鄱陽記》，卷亡，史志不著錄。《說郛》宛委山堂本引數條，並言劉澄之爲晉時人，當誤。《說郛》所引《鄱陽記》，有記隋以後事者，應爲誤輯也。唐王德璉有《鄱陽記》一種，《說郛》或將王氏《鄱陽記》誤輯入劉澄之《鄱陽記》。清倪璠《庾子山集注》、梁章鉅《農候雜占》引劉澄之《鄱陽記》二條，條目不出《說郛》外。鄱陽郡，三國吳置，晉宋因之。治鄱陽縣，即今江西今縣。

清灣

清灣在縣東南七里，隋開皇中，太守梁文謙菇官清潔，取此灣水以自供，後人思其德，號爲清灣。（《說郛》宛委山堂本卷六十一。此條，《說郛》言爲晉劉澄之《鄱陽記》，但其所言有隋開皇年間事，其當不爲劉澄之所撰也。）

白雲城

白雲在縣西南，旁對干越亭而峙焉。跨古城之危，瞰長江之深。隋州刺史劉長卿題詩曰：「孤城上與白雲齊」，因以白雲爲名。（《說郛》宛委山堂本卷六十一。）

三鐵鑊

弋陽嶺上多蜜巖，宋元嘉中，有人見巖內有三鐵鑊，鑊各容百斛，中生蓮花，他人往尋，不知所在。(《說郛》宛委山堂本卷六十一。)

望夫岡

鄱陽西有望夫岡，昔縣人陳明與梅氏爲姻，未成而妖魅許迎婦去。明，請卜者決，云西北行五十里求之。明如言，見大穴深邃無底，以繩懸入，遂得其婦，乃令婦先出，而明所將鄰人秦文遂不取。明其妻乃自誓執志，登此岡首而望其夫，因以名焉 。(《說郛》宛委山堂本卷六十一。此條，《庚子山集注》卷二亦引，文字稍異。)

沙堆

新昌水有一沙堆，在縣東北五十里，其形如覆船，鮮淨特異，每年豐稔，其沙即堆積如舊，若沙移向岸，其年儉。古來相傳以爲常驗。(《說郛》宛委山堂本卷六十一。)

《鄱陽記》　徐湛

徐湛《鄱陽記》，卷亡，史志不著錄。徐湛，諸書徵引時時作「徐諶」，二人史志皆無著錄。《宋書》有《徐湛之傳》，不知二者是否爲一人。

石藏山

中有鍾乳十數穴。(《太平寰宇記》卷一百零七。此條，金陵書局本《太平寰宇記》言出徐湛《鄱陽記》，文淵閣四庫全書補配古逸叢書本《寰宇記》則言出徐諶《鄱陽縣記》。)

吳芮舊居

鄱陽源水，吳芮所居處，〔一〕鄉人祭之，立爲〔二〕祠堂。東有石澗，深三尺，鄉人將牲牢告啓，擊鼓三通，其水衝出大流，隨用并足，因名〔三〕。(《太平寰宇記》卷一百零七。又見《太平御覽》卷六十五。)

〔校記〕

〔一〕此句，《太平御覽》作「鄱陽源是吳芮所居處」。

〔二〕立爲，《太平御覽》作「爲立」。

〔三〕此二字，《太平御覽》無。

堯山

饒州〔一〕北有堯山，嘗〔二〕以「堯」爲號，又以地饒衍〔三〕，遂加「食」爲「饒」。（《輿地紀勝》卷二十三。又見《太平寰宇記》卷一百零七、《太平御覽》卷一百七十。）

〔校記〕

〔一〕饒州，《太平寰宇記》、《太平御覽》無。

〔二〕嘗，《太平御覽》作「常」。

〔三〕此句，《太平寰宇記》作「又以饒衍」。

郡北有堯山，地加饒衍，益「食」而爲「饒」矣。（《補注東坡編年詩》卷七。）

《鄱陽記》 佚名

除徐湛《鄱陽記》以及《說郛》所引劉澄之《鄱陽記》外，唐王德璉亦有《鄱陽記》一種，《通志》言王仲通《鄱陽記》一卷，王仲通，或即王德璉。唐宋諸書所引《鄱陽記》多不註明作者，今將其單作一種，單列。《太平寰宇記》等所引《鄱陽記》部分條目有明言隋、唐時事，或出自王德璉《鄱陽記》。

梅池

弋陽〔一〕嶺上多密岩。宋〔二〕元嘉中，有人見其岩內〔三〕三鐵鑊，鑊〔四〕各〔五〕容百斛，中生蓮花，他日〔六〕往尋，不知所在。（《初學記》卷八。又見《太平寰宇記》卷一百零七、《太平御覽》卷五十四、《錦繡萬花谷》後集卷六、《輿地紀勝》卷二十一。）

〔校記〕

〔一〕弋陽，《輿地紀勝》作「鄱陽」。

〔二〕宋，《太平御覽》無。

〔三〕《太平寰宇記》、《太平御覽》、《輿地紀勝》此處有「有」字。

〔四〕鏤，《太平寰宇記》、《太平御覽》無。

〔五〕各，《太平寰宇記》、《太平御覽》、《錦繡萬花谷》作「可」。

〔六〕他日，《錦繡萬花谷》作「他人」。

夫岡子石

鄱陽西有望夫岡。昔縣人陳明與梅氏爲姻，未成而妖魅詐迎婦去，明詣卜者，決云：「西北行五十里求之。」明如言，見一大穴，深邃無底，以繩懸入，遂得其婦。乃令婦先出，而明所將隣人秦文遂不取明，其妻乃自誓執志登此岡首而望其夫，因以名焉。(《初學記》卷八、《錦繡萬花谷》後集卷六。)

九子石

九子石在弋陽水左岸，間相去數十步，石形似印。(《初學記》卷八。)

揚州

在揚州己午之間。(《元和郡縣志》卷二十九。)

堯山

堯九年大水，人居避之，因以爲名。或遇大水，此山不沒，時人云此山浮。(《太平寰宇記》卷一百零七。)

閣山

山下有祠堂。舊傳云昔宋太守毛佑之巡境，宿於山下，夢見一人，自稱楚王陳涉，遂興造樓閣，因以爲名。其山有仙人白子高壇兼祠宇。(《太平寰宇記》卷一百零七。)

曾有猛獸一眄目，恒依此祠，不爲人害。(《太平寰宇記》卷一百零七)。

大雷崗、小雷岡

大雷岡，在縣東北。〔一〕後漢雷義〔二〕字仲公所居。〔三〕又有小雷岡，雷煥所居。(《太平御覽》卷五十三。又見《太平寰宇記》卷一百零七、《輿地紀勝》卷二十三。)

〔校記〕

〔一〕「大雷岡」二句，《太平寰宇記》、《輿地紀勝》無。

〔二〕後漢，《輿地紀勝》無。

〔三〕此句以下，《太平寰宇記》、《輿地紀勝》無。

螺州

吳太平二載大饑，猛獸害人。孫權使趙達占之，曰：「天地山澤，如人四體，患疬灸脚，其疾即愈。而鄱陽水口暴起一州，形如鼈，食此郡風氣，宜祀以太牢，掘其背。」（《太平寰宇記》卷一百零七。）

觀魚臺

番君至此觀魚。下有池，闊九十步，池內有走馬埒，又名落照池。（《太平寰宇記》卷一百零七。）

吳臣廟

有長沙王芮之孫二廟。（《太平寰宇記》卷一百零七。）

百丈嶺

長沙王吳芮嘗屯兵於此。（《太平寰宇記》卷一百零七。此條，《寰宇記》言出《鄱陽志》。）

長沙王屯兵於百丈嶺，即此。（《輿地紀勝》卷二十一。）

鄡陽縣

漢高帝六年置，宋永初二年廢。（《太平寰宇記》卷一百零七。）

族亭湖

（族亭湖）在餘干縣西八十里〔一〕。後漢張遐封族亭侯，因此名也〔二〕。（《輿地紀勝》卷二十三。又見《太平寰宇記》卷一百零七。）

〔校記〕

〔一〕此句，《太平寰宇記》無。

〔二〕此句，《太平寰宇記》作「因此為名」。

安仁故城

晉永嘉七年，分餘干置興安縣，尋廢焉。陳天嘉中復於興安故地置安仁縣。（《太平寰宇記》卷一百零七。）

越女墓

越王女葬於此地。（《太平寰宇記》卷一百零七。）

沙堆

新昌水有一砂堆，在縣東北五十里，其形狀如覆船，鮮淨特異。〔一〕每年豐稔，其沙即堆積如舊；若砂移向岸，其〔二〕年儉。古來相傳以爲常驗。(《太平御覽》卷七十五。又見《太平寰宇記》卷一百零七。)

〔校記〕

〔一〕此數句，《太平寰宇記》無。

〔二〕其，《太平寰宇記》作「即」。

新昌廟

水口有廟，百姓祭之。有興元道士屈蘭子擬燒此木人，遂棄於急水，曰：「逆流上，吾爲立廟。」其木人流上，遂立廟。今爲平安王祭之。(《太平寰宇記》卷一百零七。)

石虹山

其山石室中有石，砥平如床，可容數百人。旁列石郭如屏風，篆書爲八十三字。有橫石跨水而渡，文彩青赤若虹蜺焉，因名石虹山。(《太平寰宇記》卷一百零七。)

上饒縣

界內之山出銅及鉛鐵者，有玉山及懷玉山。〔一〕(《太平寰宇記》卷一百零七。又見《輿地紀勝》卷二十一、《太平御覽》卷一百七十。)

〔校記〕

〔一〕此句，《太平御覽》作「有玉山」；懷玉山，《輿地紀勝》作「懷玉石」。

葛仙觀

葛玄得道弋陽縣北黃石山古壇。(《太平寰宇記》卷一百零七、《輿地紀勝》卷二十一。)

仙人石橋

寶豐山有石亭，高七十餘丈，旁有石橋，長五十丈，廣二丈。其山平正，古老云是仙人鑿石構橋之處。(《太平寰宇記》卷一百零七。)

寶峰有石橋，長五十丈，廣二丈。(《輿地紀勝》卷二十一。)

隱士石室

有隱士張氏，琢石爲室，其形如困。時郡守鄱陵虞翼欲表薦之，隱而不見，故號隱士石室。（《太平寰宇記》卷一百零七。）

馨香岩

昔術士許旌陽斬蛟於此巖下，緣此名焉。又以板塞巖口尋蛟，潛通洪州橫泉井，每至天景澄霽，見水底板木存焉。後惡其名，遂改焉。（《太平寰宇記》卷一百零七。）

香巖在貴溪縣東五里，舊名腥腥巖。昔術者許旌陽斬蛟於此巖下，因此名焉。又以板塞巖口尋蛟，潛通洪州橫泉井，每至天景澄霽，見水底板木存焉，後人惡其名，遂改焉。（《太平御覽》卷五十四。）

錢倉石

錢倉石在饒州西一百里〔一〕，石形如倉困，昔漁人夜宿石下，忽見石開，窺其石中有錢，取之盈艇而去〔二〕，因爲名〔三〕。（《太平御覽》卷五十二。又見《事類賦注》卷七。）

〔校記〕

〔一〕西一百里，《事類賦注》無。

〔二〕而去，《事類賦注》無。

〔三〕因爲名，《事類賦注》作「因名焉」。

葛溪

葛溪水源出上饒縣靈山西，昔歐冶子居其溪側，以此水淬劍，傳之於此，後又有葛玄家焉，因曰葛水。（《太平御覽》卷六十五。）

懷蛟水

懷蛟水，一名《孝經》潭，在縣南二百步，江中流石際有潭，往往有蛟浮出，時傷人焉。每至五月五日，鄉人於此江水以船競渡，俗云爲屈原攘災，承前郡守縣綵以賞之，刺史張栖貞以人之行莫大於孝，懸《孝經》摽竿上賞之，而人知勸俗，號爲懷蛟水，或曰《孝經》潭。（《太平御覽》卷六十七。）

仙人城

仙人城在縣東南，其城皆峭壁危石，直上千仞，自古呼爲仙人城。每天空無雲，秋日清澈，其上宮殿倉廩歷歷可見。（《太平御覽》卷一百九十三。）

李嬰炙塵

李嬰、弟綰，二人善於用弩。嘗得大塵，解其四脚，懸著樹間，以臟爲炙，烈於火上。方欲共食，山下一人長三丈許，鼓步而來，手持大囊。既至，取塵頭骼皮並火上，新肉悉內囊中，遙還山。嬰兄弟後亦無恙。(《太平御覽》卷九百零六。按：此則內容，《太平廣記》卷四百四十三亦輯，並標註出自佚名《鄱陽記》；《太平廣記》卷一百三十一則言此條出《廣古今五行記》。)

積翠岩

昔有仙人於下巖採藥，有臼擣之處存。(《太平寰宇記》卷一百零七。)

鵝湖山

山上有湖，多生荷，名荷湖山。東晉時有雙鵠育子數百，羽翮成乃去，因更名鵝湖。(《太平寰宇記》卷一百零七。此條，《寰宇記》言出《鄱陽志》。)

山上有湖，多生蓮荷，一名荷湖山，今以鵝湖著。(《輿地紀勝》卷二十一。)

存疑

以下三條，皆言隋及以後事，或以爲出自王德璉《鄱陽記》，茲存疑。

清潔灣

隋開皇中，太守梁文謙莅官清潔，取此水灣以自供，後人思其德，號爲清潔。(《太平寰宇記》卷一百零七。)

蠙州

貞觀年中因雨雹，乃有蚌出珠，百姓採之，咸亦不空。其水平淺可涉。(《太平寰宇記》卷一百零七。)

樂平山

其山有石似墨，舊名石墨山，天寶六年勅改名樂平山。(《太平寰宇記》卷一百零七。)

《交州記》 　齊劉澄之

劉澄之《交州記》，卷亡，史志不著錄。今所見有《北堂書鈔》《初學記》所引兩條。

犢山

封山縣有犢山，形似牛，眾虵同穴，人以鹽著手中，夜入穴，呼之，其虵舐鹽則得之。（《北堂書鈔》卷一百五十八。）

龍編縣

龍編縣有高山，涇水之所出，今交州也。（《初學記》卷六。）

《永元元年地志》 　佚名

《永元元年地志》，史志不著錄。是志成書於南朝齊東昏侯永元元年（499），故名。今所見有《南齊書·州郡志》所引數條。

南梁郡

南梁郡領睢陽、新汲、陳、蒙、崇義五縣。（《南齊書·州郡志上·豫州·梁郡》。）

城父

城父，屬南譙。（《南齊書·州郡志上·豫州·梁郡》。此條，《南齊書》言出《永元志》。）

松滋

松滋，屬北新蔡。（《南齊書·州郡志上·豫州·安豐郡》。此條，《南齊書》言出《永元志》。）

南新巴郡

南新巴郡，寄治陰平。（《南齊書·州郡志下·益州·南新巴郡》。）

《永元三年志》　佚名

《永元三年志》，史志不著錄。是志成書於南朝齊東昏侯永元三年（501），故名。今所見有《南齊書・州郡志》所引數條。

扶風郡

扶風郡：武江、華陰、茂陵。（《南齊書・州郡志下・益州・扶風郡》。）

南安郡

南安郡：南安、華陽、白水、樂安、桓道。（《南齊書・州郡志下・益州・南安郡》。）

《地理志》　齊陸澄

陸澄（-494），字彥淵，吳郡吳（今江蘇蘇州）人。《南齊書》卷三十九有傳。祖邵，臨海太守。父瑗，州從事。陸澄好學博覽，歷仕宋、齊，曾任中書郎、散騎常侍等職。編撰有《述政論》十三卷，《缺文》十三卷，《政論》十三卷，《漢書新注》一卷。又撰《地理書》及《雜傳》。章宗源《隋書經籍志考證》言「《地理書》一百四十九卷，《錄》一卷，陸澄合《山海經》已來一百六十家以爲此書。澄本之外，其舊事並多零失，見存別部，自行者唯四十二家。」《舊唐書・經籍志》言「《地理書》一百五十卷，陸澄撰」，《新唐書・藝文志》言陸澄《地理志》一百五十卷。《隋書經籍志考證》卷二十「史部」十又言：「案雜傳、地理總集爲書者，自齊陸澄始。」《隋書・經籍志》又載陸澄《地理書鈔》二十卷，諸家徵引有言《地理志》者，有言《地理書》者，有言《地理鈔》者。陸澄《地理書鈔》，新、舊《唐書》皆載，當其宋初仍存，《太平寰宇記》、《太平御覽》徵引是書，但條目較少，南宋《（寶佑）重修琴川志》引陸澄《吳地記》一條。《吳地記》，當爲其所合一百六十家地理書之一種。《吳地記》此條，北宋諸書不見徵引，《（寶佑）重修琴川志》引一條，或此書南宋時仍存。

襄陽

襄陽無襄水也。(《太平御覽》卷六十三、《太平寰宇記》卷一百四十五。)

築水

築水會沔水之處，謂之築口。(《太平寰宇記》卷一百四十五。)

《地理抄》　　齊陸澄

長橋

袁府君玘，後漢人也，造此橋。即晉周處少時斬長橋下食人蛟，即此處也。其橋有一十三間。(《太平寰宇記》卷九十二。)

後漢人袁府君造此橋，晉人周處少時斬橋下食人蛟，即此處也。(《輿地紀勝》卷六。)

《地理書》　　齊陸澄

薄姑故城

呂尚封於齊郡薄姑故城，在臨菑縣西北五十里，近濟水。(《左傳補注》卷五。)

按，此條，《水經注》等書徵引僅言出《地理書》，未言作者，清惠棟《左傳補注》言出陸澄《地理書》。

薄姑城

薄姑故城在臨淄縣西北五十里。案沛邱在薄姑城南，齊侯至，自田是由沛邱至薄姑，乃飲於臺上也。(《春秋左傳補注》卷三。此條，清前書不言作者，唯清代馬宗璉《春秋左傳補注》言出陸澄《地理書》。)

《吳地記》　齊陸澄

虞山

本吳之虞鄉，孫權置虞農都尉，於晉太康二季改爲海嵎，孫以其東臨滄海故也。（《（寶祐）重修琴川志》卷四。）

《吳地記》　齊陸道瞻

陸道瞻《吳地記》，宋前史志不記錄，鄭樵《通志》、焦竑《國史經籍志》均言《吳地記》一卷，齊陸道瞻撰。陸道瞻，生卒、里籍不詳。齊時吳郡，治今江蘇蘇州。

長谷

海鹽縣東北二百里有長谷，昔陸遜、陸凱居此。谷東二十里〔一〕有崑山，父祖葬焉。（《文選·詩丙·贈答四·贈從兄車騎》李善注。又見《（至元）嘉禾志》卷四、《（紹熙）雲間志》卷中。）

〔校記〕
〔一〕谷東二十里，《雲間志》言爲「谷水東二里」

張敞

張敞字弘源，爲東宮中舍人，八年不轉，會稽王嬖人茹千秋曰：「中舍人名望久滿，此侍公坐，當盡拙言。」敞正色不答。（《北堂書鈔》卷六十六。）

花山

吳縣有花山，太康中，生千葉蓮花於上，故曰花山。（《太平御覽》卷四十六。）

虞山

海虞縣西六里有虞山，上有仲雍塚。〔一〕（《太平御覽》卷四十六。又見《（紹定）吳郡志》卷十六。此條，《（紹定）吳郡志》言爲《吳郡記》。）

〔校記〕
〔一〕《吳郡志》此句後有「海虞即常熟」句。

《吳地記》 齊王僧虔

　　王僧虔，南齊琅邪臨沂（今屬山東）人，生卒年不詳。《南齊書》卷三十三有傳，善隸書，歷任秘書郎、太子舍人、義陽王文學、吳興太守等職。僧虔好文史，解音律，以朝廷禮樂多違正，與民間競造新聲、雜曲。王僧虔《吳地記》，史志皆不載。南宋《（嘉定）剡錄》、《（嘉泰）鎮江志》等仍引，或其南宋時仍存。王僧虔《吳地記》，諸書徵引時亦有稱《吳郡地理志》、《吳郡志》者，當爲一書。吳，即今江蘇。牟發松《〈吳地記〉考》一文，認爲王僧虔此記所言「吳地」，爲狹義的吳地，即「以太湖爲中心，以吳郡爲代表」的狹義吳地。（見湯勤福主編《歷史文獻整理研究與史學方法論》，黃山書社，2008 年第 62-81 頁。）

陸著

　　處士陸著，字文伯。漢桓靈之間，州府交辟，並不就，惟事棲遁。臨卒，誡諸子弟云：「吾少未嘗官，勿苟仕濁世。」子弟遵訓，遂二代不仕，並有盛名。（《太平御覽》卷五百一十。）

大溪

　　桐廬縣東有大溪，九里注廬溪口，南通新安，東出富陽，青山綠波，連霄互壑。昔徵士散騎常侍戴勃遊此，自言山水之致極也。勃字長雲，譙國銍人。父散騎常侍逵，字安道。弟子常侍國子祭酒顒，並高蹈俗外，三葉肥遁，爲海內所稱。（《太平御覽》卷五百一十。）

戴顒墓

　　顒死葬剡山。（《（嘉定）剡錄》卷二、《（嘉泰）會稽志》卷六。此條，《（嘉定）剡錄》言出王僧虔《吳郡記》，《（嘉泰）會稽志》言出王僧達《吳地記》。王僧達，應即王僧虔之誤。）

干將、莫邪

　　吳人造劍二〔一〕，陽曰干將，陰曰莫耶。莫耶，其妻名也〔二〕。（《太平御覽》卷四十三。又見《太平寰宇記》卷一百二十八。此條，二書均言出自王僧虔《吳郡地理志》，應與王僧虔《吳地記》爲一書也。）

〔校記〕

〔一〕二，《太平寰宇記》無。

〔二〕其妻，《寰宇記》作「干將之妻」。

存疑

虎丘山

虎丘山絕岊聳壑，茂林深篁，爲江左丘壑之表。吳興太守褚淵昔嘗述職，路經吳境，淹留數日，登覽不足，乃嘆曰：「今之所稱多過其實。今觀虎丘，逾於所聞。」（《天中記》卷七。此條，明前書皆不輯。唯《天中記》言出王僧虔《吳地記》。）

《吳郡記》　佚名

除顧夷《吳地記》，陸道瞻《吳地記》、王僧虔《吳地（郡）記》外，諸書所引又有不著姓名之《吳郡記》數條，因無法判斷諸條目作者歸屬，茲將其單列，另作一種。

漁浦

富春東三十里有漁浦。（《文選‧詩丁‧行旅上‧富春渚》李善注。）

海鹽縣

海濱廣斥、鹽田相望。即海鹽與鹽官之地同也。〔一〕（《太平寰宇記》卷九十五。又見《輿地紀勝》卷三。）

〔校記〕

〔一〕此句，《輿地紀勝》無。

白土

吳縣餘杭山出白土，光潤如玉。（《太平御覽》卷三十七。）

滬瀆

松江東瀉海，曰滬瀆。（《輿地紀勝》卷五、《（紹定）雲間志》卷中。）

《吳郡錄》　　佚名

　　《吳郡錄》，卷亡，史志不著錄，作者不詳。今所見有《藝文類聚》等所引三條。

始興山

　　始興有始興山，山出溫泉。（《藝文類聚》卷九。）

穿山

　　海虞縣有穿山，下有洞穴，高十丈，廣十餘丈。山昔在海中，行侶舉帆從穴中過。（《太平御覽》卷七百七十一。此條，《太平御覽》言出《吳郡錄·海記》。）

湯山

　　江乘縣有湯山，出溫泉二所，可以治疾。（《（景定）建康志》卷十九。）

《吳俗傳》　　佚名

　　《吳俗傳》，卷亡，史志不著錄，作者不詳。張守節《史記正義》引《吳俗傳》兩條。所記爲越滅吳事。

示浦

　　子胥亡後，越從松江北開渠至橫山東北，築城伐吳。子胥乃與越軍夢，令從東南入破吳。越王即移向三江口岸立壇，殺白馬祭子胥，杯動酒盡，越乃開渠。子胥作濤，盪羅城東，開入滅吳。至今猶號曰示浦，門曰鱣鮢。（《史記·吳太伯世家》張守節正義。）

越伐吳

　　越軍得子胥夢，從東入伐吳，越王即從三江北岸立壇，殺白馬祭子胥，杯動酒盡，乃開渠曰示浦，入破吳王於姑蘇，敗干隧也。（《史記·春申君列傳》張守節正義。）

《江陵記》　齊伍端休

　　伍端休，生卒年、里籍不詳，《江陵記》，卷亡，史志不著錄。《南史》卷七十六言庾詵著《續伍端休江陵記》一卷，庾詵爲齊梁時人，伍端休當生於此前，又《江陵記》言宋元嘉時事，此書當作於宋齊年間。伍端休《江陵記》，唐《初學記》等引數條，北宋時《太平御覽》等書亦徵引。南宋時《輿地紀勝》引一條，與《太平寰宇記》所引同，或轉引自《太平寰宇記》。是書或亡於南宋時期。江陵，即今湖北江陵。劉緯毅《漢唐方志輯佚》輯是書。

梅槐

　　洪亭村下有白藉洲，東南得邴洲，上頭有枚廻村。舊云是梅槐合生成樹，是以名之，音訛，謂之「梅廻」。（《太平御覽》卷九百七十。）

　　洪亭村下有梅回村，舊云是梅槐合生成樹，是以詔之，今音訛，謂之梅槐。（《藝文類聚》卷八十六。）

　　洪亭村下有梅槐樹，嘗因梅與槐合生，遂以名之。（《資暇集》卷上、《唐語林》卷八。）

平王冢

　　州城北五十四里，有楚平王冢，枝江班竹岡。又云平王冢周廻數百步，未知孰是。（《太平御覽》卷五十三。）

　　州城北五十四里有班竹之崗。（《北堂書鈔》卷一百五十七。）

大林

　　城西北六十里有大林。《春秋·魯文公六年》：「楚饑，戎侵其西，至於阜山，師于大林」，即此城也。（《太平御覽》卷五十七。）

曹公林

　　州城東北十二里有曹公林，相傳云，建安十三年，曹操躡劉備於當陽長阪，廻師頓此林，因謂之「曹公林」。（《太平御覽》卷五十七。）

南門

　　南門二門〔一〕，一名龍門，一名休門〔二〕。（《太平寰宇記》卷一百四十六。又見《輿地紀勝》卷六十四。）

〔校記〕
〔一〕二門，《輿地紀勝》作「三」。
〔二〕休門，《輿地紀勝》作「修門」。

漻水

漻水，伍端林《江陵記》云帶漻水〔一〕，謂此水也。(《太平寰宇記》卷一百四十六。又見《輿地紀勝》卷七十八。)

〔校記〕
〔一〕帶漻水，《輿地紀勝》作「北帶建水」。

荊州

楚文王始自丹陽徙都於郢，今州北南城是也。(《初學記》卷八。)

赤湖客舍

沔城內有赤湖客舍，襄陽大道經城中過。元嘉十一年，連雨，城南門沮壞，得土中故枏柱，長一丈七尺。臨川康王取以爲大齋西北柱，初時色黑，一季後不復黑，計此千年。(《太平御覽》卷一百八十七。)

《南康記》 劉嗣之

除鄧德明《南康記》、王韶之《南康記》外，《通典》卷一百八十二引「漢將軍楊樸」條言出自劉嗣之《南康記》，此條同見《太平寰宇記》卷一百零八。又《寰宇記》同卷「平亭」條亦言引自劉嗣之《南康記》。又《太平寰宇記》同卷引「平亭橫亭」、「橫浦廢關」二事，稱劉嗣之《南康記》，《通典》「州郡門」所引《南康記》亦稱作者爲劉嗣之。但觀《寰宇記》卷一百零八「平亭」條下又有「熱水」條及「陳蕃墓」條，此二條均引《南康記》，但均不言作者，此二條下，爲「橫浦廢關」，所引爲劉嗣之《南康記》，如若幾條所引出自同一部作品，則作者不會有意區分。又《寰宇記》所引《南康記》，經考證有屬鄧德明者，「劉德明」當屬「鄧德明」之誤，而劉嗣之與鄧德明應非一人。又，沈約《彈奏王源》有劉嗣之名，但生平事蹟均不考。《寰宇記》卷一百零八「金雞山」條言引唐《南康記》，《御覽》卷四十八《南康記》有言「唐天寶六年」時事，可見唐代亦有一《南康記》。

平亭

平亭，謂之橫亭。(《太平寰宇記》卷一百零八。)

橫浦

昔漢楊僕討呂嘉〔一〕，出章郡，下橫浦，即今縣西南故橫浦，廢關〔二〕見在此。(《通典》卷一百八十二。又見《太平寰宇記》卷一百零八、《方輿勝覽》卷二十二。)

〔校記〕

〔一〕楊僕，《方輿勝覽》作「將軍楊僕」。

〔二〕此句，《方輿勝覽》無，其以「即此」作結。

梅嶺

漢兵擊呂嘉，眾潰，有裨將戍是嶺，以其姓庾，〔一〕以其多梅〔二〕，亦曰梅嶺。高一千三百五十丈，蒼翠疊巘，壁立峻峭，往來艱於登陟。〔三〕(《輿地紀勝》卷九十三。又見《補注杜詩》卷十四。此條，《輿地紀勝》言出劉嗣之《南康記》。)

〔校記〕

〔一〕此句，《補注杜詩》後有「因謂之大庾」句。

〔二〕此句，《補注杜詩》作「又以其上多梅而先發」。

〔三〕此四句，《補注杜詩》無，其以「亦曰梅嶺」結。

赤石山

赤石山大石連聳，粲若舒霞，山角多赤石，有玉房瓊室。耆舊相傳云，宋元嘉年中，有人自稱安道士者，不知何許人。披服巾褐，棲於此山中數十年，忽失所在，其後有人時復見者。天寶六年，勑改爲玉房山。(《太平御覽》卷四十八。)

《南康記》 佚名

除鄧德明《南康記》及王韶之《南康記》、劉嗣之《南康記》外，諸書所引《南康記》亦有一些條目不注明作者，均另置。另，託名作者爲馮贄的《雲仙雜記》亦徵引數條《南康記》，前人考證是書所錄內容多不足信，

本書亦將其所錄數條《南康記》放入存疑部分。另,《太平御覽》卷四十八「官山」條引《南康記》言「天寶六年,改名珠玉山」,所記爲唐代事;又《太平寰宇記》卷一百零八「金雞山」條,所引亦作「唐《南康記》」,可見除鄧、王等幾家《南康記》外,唐代亦有一《南康記》。

金雞山

金雞山臨貢水,石色如霞,其傍有穴,廣四尺,一石正當穴口,如彈丸。嘗有金雞出入此穴,晉義熙中,再三出見,有人挾彈放丸於穴口,化爲石,其雞至今不見,因號曰金雞穴,宋永初中又見棲翔於此。(《太平御覽》卷四十八。)

有金雞出入此穴。晉義熙中再三出見,有人挾彈放圓至穴口化爲石,其雞今不見,因號曰金雞穴。宋永初中又見於此。(《太平寰宇記》卷一百零八。)

柴侯峽

漢靈帝時,有劉叔喬避地於茲〔一〕,死葬村側,自云柴侯墓。晉末喪亂,有發其冢者,忽有大風雨,棺及松栢悉飛渡水,移上此峰,其棺乃化爲石〔二〕,因是而名之。〔三〕(《太平御覽》卷四十八。又見《太平寰宇記》卷一百零八、《輿地紀勝》卷三十二。)

〔校記〕

〔一〕於茲,《太平寰宇記》作「於此」。

〔二〕其,《輿地紀勝》無此字。

〔三〕此句,《太平寰宇記》、《輿地紀勝》均無。

歸美山

(歸美)山四面險峻〔一〕,自然有石城〔二〕,高數十丈,周廻三百步〔三〕。又有石峽,左右高五六十丈,迥若雙闕,其勢入雲〔四〕。復有古石室〔五〕,色如黃金〔六〕,號爲金室。有鸂鳥,形色鮮潔,自愛毛羽,其隻者或鑒水向影,悲鳴自絕。〔七〕山頂有杉枋數百片,高危懸絕,非人力所及焉。〔八〕(《太平寰宇記》卷一百零八。又見《太平御覽》卷四十八、《輿地紀勝》卷三十二。)

〔校記〕

〔一〕此句,《輿地紀勝》無。

〔二〕此句,《輿地紀勝》作「有自然石城」。

〔三〕此二句，《輿地紀勝》無。

〔四〕此二句，《太平御覽》作「勢若雙闕，其狀入雲」。

〔五〕復有，《輿地紀勝》作「有」。

〔六〕此句，《輿地紀勝》無。

〔七〕《太平御覽》此句後有「方知孤鸞對鏡爲不虛矣」句；「有鷗鳥」數句，《輿地紀勝》無。

〔八〕此句，《輿地紀勝》作「非人力所能即焉」。

塞上

南野縣大庾嶺三十里至橫浦〔一〕，有秦時關，其下謂爲「塞上」〔二〕。（《史記·南越列傳》司馬貞索隱。又見《資治通鑒補》卷十二、《輿地紀勝》卷九十三。）

〔校記〕

〔一〕南野縣，《資治通鑒補》作「南野」。

〔二〕此句，《輿地紀勝》無。

赤石山

大石連聳，粲若舒霞，山角多赤石，有玉房瓊室。耆舊相傳云，宋元嘉年中，有人自稱安道士者，不知何許人，披服巾褐，棲於此山中數十年，忽失所在，其後有人時復見者。（《太平寰宇記》卷一百零八、《太平御覽》卷四十八。）

（赤石）山有大石遠聳，粲若舒霞，山角多赤石，有玉房瓊室。宋元嘉中，有安道士得道於此。（《輿地紀勝》卷三十二（·一）。）

大石連聳，有玉房瓊室。（《輿地紀勝》卷三十二（二）。）

玉石山

常有漁父姓瞿釣於其下，忽見二少年，皎然若玉人，相謂曰：「別來此石長殊使。」（《太平寰宇記》卷一百零八。）

儲潭祠

晉咸和二年〔一〕，刺史朱偉率兵赴江州討蘇峻〔二〕，行至此山〔三〕，忽有神人曰〔四〕：「余常弋釣於此百餘年，帝以我司此山水府，〔五〕君幸能爲立祠宇〔六〕，當有報焉。」偉即爲置廟山下，〔七〕江山洄洑，潴而成潭，故名曰「儲潭君廟」〔八〕。及至建業，果有功，百姓祈禱，於今不絕。〔九〕（《太平寰宇記》卷一百零八。又見《輿地紀勝》卷三十二。）

〔校記〕

〔一〕晉，《輿地紀勝》作「昔」。

〔二〕朱偉，《輿地紀勝》作「宋偉」；率兵，《輿地紀勝》無。

〔三〕此山，《輿地紀勝》作「山」。

〔四〕忽有，《輿地紀勝》作「有」。

〔五〕此二句，《輿地紀勝》無。

〔六〕幸能，《輿地紀勝》作「能」。

〔七〕此句，《輿地紀勝》作「即爲置廟」。

〔八〕名曰，《輿地紀勝》作「曰」。

〔九〕「及至建業」數句，《輿地紀勝》無。

儲潭山，俯臨清潭，有儲君廟，因以名焉。（《太平御覽》卷四十八。）

盤固山

其（盤固）山有石井〔一〕，井側有大銅人常守之〔二〕。按此石井，〔三〕五百年水一湧起，高數丈，〔四〕銅人以手掩之，〔五〕其水即止。其山盤紆嶒峻〔六〕，因號爲盤固山焉。（《太平寰宇記》卷一百零八。又見《太平御覽》卷四十八、《事類賦注》卷八。）

〔校記〕

〔一〕此句，《事類賦注》作「其峰有井」。

〔二〕井側有，《事類賦注》無。

〔三〕此句，《事類賦注》無。

〔四〕此句，《事類賦注》作「五十年一湧，水起數十丈」。

〔五〕此句，《事類賦注》作「銅人每以半掩之」，並以此結。

〔六〕嶒峻，《太平御覽》作「峻嶒」。

宵山

（宵）山〔一〕多杉松〔二〕。下有笐筍，二年一生，味甚甘美。〔三〕（《太平寰宇記》卷一百零八。又見《輿地紀勝》卷三十二。）

〔校記〕

〔一〕山，《輿地紀勝》作「干霄山」。

〔二〕杉松，《輿地紀勝》作「松杉」。

〔三〕此三句，《輿地紀勝》無，其以「勢干青霄，故名」作結。

良熱水

（良熱水）〔一〕蓋謂〔二〕泉之源也。又云：熱水，昔名豫水，漢置豫章郡〔三〕，

因此源以爲名也。〔四〕（《太平寰宇記》卷一百零八。又見《輿地紀勝》卷三十六。）

〔校記〕

〔一〕良熱水，《輿地紀勝》作「熱水」。

〔二〕謂，《輿地紀勝》無。

〔三〕豫章郡，《輿地紀勝》作「豫章縣」。

〔四〕此句，《輿地紀勝》作「因此水源以爲名」。

戴科藤

合浦有鹿，額上戴科藤一枝，四條直上，各一丈。（《酉陽雜俎》前集卷十六。按，此條，《太平廣記》云出《交州記》。）

山魅

山間有木客，形骸皆人也，但鳥爪耳。巢於高樹，伐樹必害人，一名山魅。（《才調集補注》卷一。）

平湖

空山上有平湖，湖中有艑，底浮在湖中，動搖便起風雨。（《太平御覽》卷六十六。）

鼻天子城

南康縣，鼻天子城者。（《路史》卷三十六。）

梓潭

虔州地名曰梓潭。（《書敍指南》卷十四。）

崆峒山

山出空青，因以名之，或呼爲崆峒山。多林木菓實，州之地脈之母也。（《方輿勝覽》卷二十。）

大庾縣

前漢南越不賓，遣監軍庾姓者討之〔一〕，築城於此，因之爲名。（《元和郡縣志》卷二十九。又見《輿地紀勝》卷三十六。）

〔校記〕

〔一〕此句，《輿地紀勝》作「遣將軍姓庾討之」。

數車萍

浮光多美鴨，太原少尹樊千里買百隻置後池，載數車浮萍入池，爲鴨作茵褥。（《韻府群玉》卷七。）

峽山

其山上時有夜光飛焰〔一〕，浮光若火燎於原〔二〕，又從峽溯數十里〔三〕，有石臨水，名曰蛟窟。（《太平寰宇記》卷一百零八。又見《太平御覽》卷四十八。）

〔校記〕

〔一〕其山，《太平御覽》作「峽山」。

〔二〕浮光，《太平御覽》作「遙見」。

〔三〕此句，《太平御覽》作「從峽泝流數十里」。

其上有光若火燎于原，舊曰峽山，天寶改曰夜光山。（《輿地紀勝》卷三十二。《輿地紀勝》此條，有「天寶改曰」句，不知此條所引爲《輿地紀勝》原文還是出自《南康記》，如出《南康記》，則此條當爲唐時人或唐以後人作。）

存疑

以下數條《南康記（志）》，有言唐以後事者，有出處存疑者，茲單列於下。

却老先生

王僧虔晚年惡白髮，一日對客，左右進銅鑷，僧虔曰：「却老先生至矣。庶幾乎。」（《雲仙雜記》卷四。）

官山

《南康記》曰：官山者，天寶六年改名珠玉山，其山高峻，有善鳥香草，嘗有人於此山見大珠玉，相傳謂之官山。（《太平御覽》卷四十八。）

官山，唐天寶六年改爲珠玉山，在縣東南二百六十四里。《南康記》：其山高峻，有善鳥香草，古時此山有珠玉，舊名官山。（《太平寰宇記》卷一百零八。）

（官山）其山高峻，有善鳥香草，古時此山有珠玉，故名曰珠玉山。（《輿地紀勝》卷三十二（一引）。）

山有珠玉，本名官山，天寶六年改爲今名。（《輿地紀勝》卷三十二（二引）。）

按：此條，依《太平御覽》所引格式，「天寶六年改名珠玉山」句亦應出自《南康記》，但觀《寰宇記》及《輿地紀勝》條，則此句實不屬於《南康記》，不知唐代時確有書名《南康記》者，還是《太平御覽》引用時致誤。

巖下老人

巖下老人者，不知何許人。漢武帝南巡狩，過潯陽，詔舉逸民。時老人澹然處於巖下，左右強以應詔，老人曰：「堯仁如天，孤雲自飛，一水一石，臣之樂也。」帝曰：「卿不願仕耶？」對曰：「束身王朝，其如北山之雲何？」（《廣博物志》卷二十一。）

按，此條，明以前書不引，董斯張言此條出《南康志》，不知是否即《南康記》。

潯陽四隱

晉翟莊，字祖休，湯之子，以孝友著名。守父操，州致禮，命並不就。莊子矯亦高節，家居無事，好種竹，辟命屢至，嘆曰：「吾焉能易吾種竹之心，以從事於籠鳥盆魚之間哉？」竟不就。矯子法賜節概尤佳。武帝以散騎郎召客勉之，就聘乃正色曰：「吾家不仕四世矣。使白璧點污可乎？」亦不從之，祖父子孫皆有行義，世稱「潯陽四隱」。（《説郛》宛委山堂本卷六十一。此條，《説郛》言出《南康志》，他書未有言出《南康記》者。《説郛》所錄地記出處多有誤，茲存疑，列於此。）

寧都

宋大明中，人有至其巔，見有池廣可百丈，水色如丹，傍有硃顆，光麗若珠，再往，失其所。（《（嘉靖）贛州府志》卷二。此條，《（嘉靖）贛州府志》言出《南康記》，明前書不見引。《南康記》數種元前已亡，不知《（嘉靖）贛州府志》此條從何處輯得。）

金鼠

有石室金堂，時見金鼠羚羊出入其間。山中產水精。（《（嘉靖）贛州府志》卷二。此條，《（嘉靖）贛州府志》言出《南康記》，明前書不見引。）

大梓

贛縣西北有古塘，名余公塘。上有大梓樹，可二十圍。老樹空，中有山都窠。宋元嘉元年，縣治民有道訓、道靈兄弟二人伐倒此樹，取窠還家。山

都見形，罵二人曰：「我居山野，何預汝事？山木可用，豈可勝數？樹有我窠，故伐倒之，今當焚汝宇，以報汝之無道。」至二更中，內外屋上，一齊起火，合宅蕩盡。（《江西考古錄》卷九。此條，王漠言出《南康記》，清前書不見引。）

漢仙巖

漢仙巖，《南康記》云「可比閩之武夷，非虛譽也。（《（康熙）江西通志》卷十三。）

仙碁石

仙碁石在建昌府南城田中。一石高八九尺，方平如碁局，近石羅列，小石峰數十，刻畫如畫，世傳仙碁石。（《佩文韻府》卷一百之一。）

綿纏石

綿纏石在南城鑄錢崖之東，其初低小，凡禱者以綿一幕纏其上，今漸高大，雖綿一倍，繞不能過。（《佩文韻府》卷一百之一。）

台嶺

大庾嶺，漢名臺嶺，嶺有石平如臺，形如廩。（《補注東坡編年詩》卷三十六。）

庾嶺

漢有庾勝者，梅鋗之將，隸番君，使分兵守臺嶺，築城嶺下，因名庾嶺。（《補注東坡編年詩》卷三十六。）

以上數條，清前書皆不見引。《南康記》數種清代時已亡佚，此數條出處存疑，茲列於此。

魚藻洞

魚朝恩有洞房，四壁夾安琉璃板，中貯江水及萍藻〔一〕、諸色魚蝦〔二〕，號魚藻洞。（《古今合璧事類備要》前集卷六。又見《韻府群玉》卷十三、《記纂淵海》卷八、《事類備要》前集卷六、別集卷五十六。按，此條亦出《雲仙雜記》。《雲仙雜記》部分條目出處多為作者之僞託他人，前人已考是書之不可信，不知此條是上幾部書轉自《雲仙雜記》，還是輯自他書。）

〔校記〕
〔一〕中貯，《韻府群玉》作「貯」。
〔二〕諸色，《韻府群玉》無。

《東陽金華山棲志》　梁劉孝標

　　劉峻（462-521），字孝標，以字行，平原（今山東淄博）人，《梁書》卷五十有傳。梁代著名學者與文學家。歷經宋、齊、梁三朝。幼時曾陷身北魏爲奴，十一歲出家。齊永明四年二月，逃還京師，後爲崔豫州刑獄參軍。梁天監中，被詔掌石渠閣，以病乞骸骨，後隱東陽金華山。《東陽金華山栖志》，史志不見著錄。此記，應作於其歸隱金華山後。唐釋道宣《廣弘明集》收錄此文。

　　夫鳥居山上，層巢木末；魚潛淵下，窟穴泥沙，豈好異哉？蓋性自然也。故有忽白璧而樂垂綸，負玉鼎而要卿相。行藏紛糾，顯晦蹐駮，無異火炎水流，圓動方息，斯則廟堂之與江海，蓬戶之與金閨。竝然其所然，悅其所悅，焉足毛羽瘡痏在其間哉！
　　予生自原野，善畏難狎。心駭雲臺朱屋，望絕高蓋青組。且霑濡霧露，彌願閑逸，每思濯清瀨，息椒丘，寤寐永懷，其來尚矣。蚓專噬壤，民欲天從。爰洎二毛，得居巖穴。所居東陽郡金華山，東陽實會稽西部，是生竹箭。山川秀麗，皐澤坱鬱。若其羣峯疊起，則接漢連霞；喬林布濩，則春青冬綠；廻溪映流，則十仞洞底；膚寸雲合，必千里雨散。信卓犖爽塏，神居奧宅。是以帝鴻遊斯鑄鼎，雨師寄此乘煙。故澗勒赤松之名，山貽縉雲之號。近代江治中奮迅泥滓，王徵士高拔風塵。龍盤鳳栖，咸萃茲地。良由碧湍素石，可致幽人者哉！
　　金華山，古馬鞍山也。蘊靈藏聖，列名仙諜。左元放稱此山云：「可免洪水五兵，可合神丹九轉。」金華之首，有紫巖山，山色紅紫，因以爲稱。麼迆坡陀，下屬深渚。嶒峘巘嶙，上虧日月。登自山麓，漸高漸峻。壟路迫隘，魚貫而昇。路側有絕澗，闐闐唪嵤。俯窺木杪，焦原石邑，匪獨危懸。至山將半，便有廣澤大川，皐陸隱賑，予之葺宇實在斯焉。所居三面皆迴山，周繞有象郛郭。前則平野蕭條，目極通望，東西帶二澗，四時飛流泉。清瀾微霙，滴瀝生響，白波跳沫，泃涌成音。漕瀆引流，交渠綺錯。懸潘瀉於軒甍，激湍迴於階砌，供帳無綆汲，盥漱息瓶匜。楓櫨檹欐之樹，梓柏桂樟之木，分形異色，千族萬種。結朱實，包綠菓，扠白帶，抽紫莖。櫹蠹苯蓴，捎風

鳴籟。蛂垂條櫺戶，布葉房櫳。中谷澗濱，華藥攢列。至於青春受謝，萍生泉動，則有都梁含馥，懷香送芬；長樂負霜，宜男泫露。芙蕖紅華照水，皋蘇縹葉從風。憑軒永眺，躕憂忘疾，丘阿陵曲，眾藥灌叢。地髓抗莖，山筋抽節。金鹽重於素璧，玉豉貴於明珠。可以養性銷痾，還年駐色。不藉崔文黃散，勿用負局紫丸。翾翾翔鳥，風胎雨鷇。綠翼紅毛，素纓翠鬣。肅肅切羽，關關好音，馴狎園池，旅食雞鶩。若廼鳿日伺辰，響類鍾鼓，鳴蚿候曙，聲像琴瑟。玄猿薄霧清囀，飛猩乘煙咏吟。嘈囋嘹亮，悅心娛耳。諒所以跨躡管籥，韜軼笙簧。

宅東起招提寺，背巖面壑，層軒引景，邃宇臨空。博敞閑虛，納祥生白。左瞻右睇，仁智所居。故碩德名僧，振錫雲萃，調心七覺，祗訶五塵。郁列戒香，浴滋定水。至於薰鑪夜爇，法鼓旦聞，予則跕屣摳衣，躬行頂禮。詢道哲人，欽和至教。每聞此河紛梗，彼岸永寂。熙熙然若登春臺而出宇宙，唯善是樂，豈伊徒言。

寺東南有道觀，亭亭崖側，下望雲雨。蕙樓蘭榭，隱映林篁。飛觀列軒，玲瓏煙霧。日止却粒之氓，歲集神仙之客。餌星髓，吸流霞，將乃雲衣霓裳，乘龍馭鶴。觀下有石井，聳跱中澗，雕琢刻削，頗類人工。躍流涇瀉，浹涌汯咽，電擊雷吼，駭目驚魂。寺觀前皆植修竹，檀欒蕭瑟，被陵緣阜。竹外則有良田，區畛通接。山泉膏液，鬱潤肥腴。鄭白決漳，莫之能擬，致紅粟流溢，鳧鴈充厭。春鱉旨膳碧雞，多蕈味珍霜鵝。縠巾取於丘嶺，短褐出自中園。莞蔣逼側池湖，菅蒯駢填原隰。養給之資，生生所用，無不阜實蕃蘺，充牣崖巘。

歲始年季，農隙時閑，濁醪初醞，醹清新熟，則田家野老，提壺共至。班荊林下，陳罇置爵。酒酣耳熱，屢舞詣呶。晟論箱庾，高談穀稼。嘔嚱謳歌，舉杯相挹。人生樂耳，此歡豈訾。若夫蠶而衣，耕而食。日出而作，日入而息。晚食當肉，無事為貴，不求於世，不忤於物，莫辨榮辱，匪知毀譽。浩蕩天地之間，心無怵惕之警。豈與秮生齒劍，揚子墜閣，較其優劣者哉！（《廣弘明集》卷二十四。按，本文所依《廣弘明集》底本為日本大正新修大藏經本《廣弘明集》，四部叢刊影明本《廣弘明集》所引文字稍異，不再出校。《藝文類聚》卷三十六所引文字稍短。）

《山圖》　*梁陶弘景*

　　陶弘景（456-536），字通明，丹陽秣陵（今江蘇南京）人。善琴棋，工草隸，未弱冠，齊高帝作相，引爲諸王侍讀，除奉朝請，永明十年上表辭祿，詔許之，後隱居，人稱「山中宰相」。所著有《學苑》百卷，《孝經論語集注》、《帝代年曆》、《本草集注》、《効驗方》、《肘後百一方》、《古今州郡記圖像集要》及《玉匱記》、《七曜》、《新舊術疏》、《占候合丹法式》等。此《山圖》或即《古今州郡記圖像集要》。此書卷亡，史志不見載，唯《太平寰宇記》載一條。

霍山、牛山

　　霍山及牛山出藥草。其山東南角有伏石，似牛腹，與霍山相接。（《太平寰宇記》卷一百二十七。）

《京邦記》　*梁陶季直*

　　陶季直《京邦記》，《新唐書・藝文志》言二卷，不著作者。諸書徵引又作《京都記》。陶季直，生卒年不詳，丹陽秣陵（今江蘇南京）人。《南史》七十四有傳，稱其早慧，及長好學，澹於榮利，徵召不起，時人號曰「聘君」。後爲望蔡令，以病免。齊初爲尚書比部郎，再遷東莞太守，在郡，號爲「清和」。後爲鎮西諮議參軍，齊明帝時曾爲驃騎諮議參軍兼尚書左丞，遷建安太守，爲政清靜。梁天監初，就拜太中大夫。

太極殿

　　太元中，改搆太極殿，忽有一柱流於石南津，津吏以聞，恰是梅株，因書梅花，梁以誌之。（《編珠》卷二。）

龍舟翔鳳

　　《西巡記》曰：〔一〕宋孝〔二〕武度〔三〕六合，龍舟翔鳳以〔四〕下，三千

四十五〔五〕艘。舟航〔六〕之盛，三代二京〔七〕無比。（《初學記》卷二十三。又見《編珠》卷四、《事類賦注》卷十六。）

〔校記〕

〔一〕此句，《編珠》、《事類賦注》無。

〔二〕孝，《事類賦注》無。

〔三〕度，《編珠》、《事類賦注》作「渡」。

〔四〕以，《編珠》作「而」。

〔五〕十，《事類賦注》作「百」。

〔六〕航，《事類賦注》作「檝」。

〔七〕三代二京，《事類賦注》作「前代」。

景雲樓

宋華林園造景雲樓。（《初學記》卷二十四。）

白水苑

覆舟山周廻二十許〔一〕里，有林〔二〕，名〔三〕「白水苑」〔四〕。（《初學記》卷二十四。又見《太平寰宇記》卷五、《太平御覽》卷一百九十六、《錦繡萬花谷》後集卷二十五。此條，《錦繡萬花谷》言出《京國記》。）

〔校記〕

〔一〕許，《太平寰宇記》、《太平御覽》無。

〔二〕有林，《太平寰宇記》作「下有林」。

〔三〕名，《太平寰宇記》作「號」。

〔四〕白水苑，《太平寰宇記》作「曰水苑」，《太平御覽》作「白水」。

白水苑在覆舟山。（《輿地紀勝》卷十七。）

桂林

建康縣北，漢〔一〕朝爲桂林苑〔二〕。（《初學記》卷二十四。又見《太平御覽》卷一百九十六、《玉海》卷一百七十、《錦繡萬花谷》後集卷二十五、《（景定）建康志》卷二十二、《（至大）金陵新志》卷十二。）

〔校記〕

〔一〕漢，《太平御覽》、《玉海》作「吳」。

〔二〕苑，《太平御覽》無。

清溪

京師鼎族多[一]在青溪埭，尚書孫瑒、尚書令江總宅，當時並列溪北。（《六朝事蹟編類》卷五。又見《（景定）建康志》卷十八。）

〔校記〕

〔一〕多，《（景定）建康志》無。

典午時，京師鼎族，多在清溪左及潮溝北。俗說郗僧施泛舟清溪，每一曲作詩一首，謝益壽聞之曰：「清溪中曲復何窮盡也。」（《建康實錄》卷二。）

京師鼎族在潮溝北。（《（景定）建康志》卷十九。）

鼎族多居其側。（《太平寰宇記》卷九十。）

五城

五城邊淮帶湖，祖道送歸，多集此處。（《建康實錄》卷六、《（景定）建康志》卷十六、《（至大）金陵新志》卷四下。）

玄武湖

從北湖[一]望鍾山，似宮亭湖望廬岳也。（《太平寰宇記》卷九十。又見《王荊公詩注》卷四十三、《太平御覽》卷六十六。）

〔校記〕

〔一〕湖，《太平御覽》無。

紙

東宮臣上疏用白紙，太子答用青紙。（《文房四譜》卷四。）

茅山

句容弟山延西門，穴通五嶽。（《北堂書鈔》卷一百五十八。此條，《北堂書鈔》言出陶季直《京都賦》，即陶季直《京都記》也。）

《遊山記》　　梁何遜

何遜（？-518），字仲言，東海郯（今山東郯城）人。八歲能賦詩，弱冠州舉秀才，梁天監中，兼尚書水部郎，南平王引爲賓客，掌記室事，深被恩禮。遜文章與劉孝綽並見重，時謂之「何劉」。何遜《遊山記》，史志不載，今所見僅《藝文類聚》引一條。

高桐

吹臺有高桐，皆百圍，嶧陽孤桐，方此爲劣。（《藝文類聚》卷八十八。）

《武陵記》　　梁黃閔

黃閔，南朝梁時武陵（今湖南常德）人，生卒年不詳。博學能詞藝。《武陵記》，史志皆不著錄，曾國荃《（光緒）湖南通志》言其爲一卷。除《武陵記》外，《隋書·經籍志》言黃閔撰《神壤記》，記滎陽山水〔註1〕。其又撰《沅川記》，一名《沅州志》，《明一統志》言「唐章懷太子注《郡國志》，取以爲證。」今考《後漢書·郡國志》注未見《沅州志》，而《後漢書·馬融傳》注、《後漢書·南蠻西南夷列傳》注所引黃閔《記》三條，皆爲《武陵記》，不知《沅川記》是否即《武陵記》。又黃閔《神壤記》，姚振宗《隋書經籍志考證》卷二十一言其與《神境記》類，並言《神境記》或爲《武陵記》之一：「《御覽》『地部』『人事部』引王韶之《神境記》云：滎陽縣蘭巖山有雙鶴，昔有夫婦隱此山，化成鶴，又九嶷有青澗，中有黃色蓮花。又云滎陽有靈源山，有石髓、紫芝。《神境記》蓋亦記滎陽山水，古蹟與此相類，特不知黃閔與王韶之孰先孰後耳，此疑《武陵記》之一。」武陵，梁時治臨沅，即今湖南常德市。黃閔《武陵記》，清王謨《漢唐地理書鈔》輯得數條，陳運溶《麓山精舍叢書》輯黃閔《武陵記》，言黃閔爲南齊時人，其將《初學記》所引「謝承」等未言作者條，亦輯入黃閔《武陵記》。王仁俊《玉函山房輯佚書續編》輯《武陵源記》數條，亦即黃閔《武陵記》。今人劉緯毅《漢唐方志輯佚》亦輯得黃閔《武陵記》數條。

盤瓠石窟

武山〔一〕，高可萬仞，山半有盤瓠石窟〔二〕。〔三〕中有一石，狗形，〔四〕云是盤瓠之遺像〔五〕。又有班蛇，四眼，身大十圍。〔六〕山有水出，謂之武溪是也，在縣之西。〔七〕（《太平御覽》卷四十九。又見《元和郡縣志》卷三十一、《輿地紀勝》卷七十五。）

〔註1〕滎陽，當爲湘州之營陽，「滎」乃「營」之訛誤。

〔校記〕

〔一〕武山，《元和郡縣志》作「溪山」。

〔二〕山牛，《元和郡縣志》作「山中」。

〔三〕此處，《元和郡縣志》有「可容萬人」句；《紀勝》有「可容數萬人」句。

〔四〕此二句，《元和郡縣志》、《紀勝》作「窟中有石，似狗形」。

〔五〕此句，《元和郡縣志》、《紀勝》作「蠻俗相傳，即槃瓠也。」

〔六〕此數句，《元和郡縣志》作「又有巴蛇，四眼，大十圍，不知長幾里」；《紀勝》作「又有班蛇四，言大十圍，不知長幾里。」

〔七〕此三句，《元和郡縣志》、《紀勝》無。

山高可萬仞。〔一〕山牛有槃瓠石室，可容數萬人〔二〕，中有石狀，槃瓠行跡。（《後漢書·南蠻西南夷列傳》李賢等注。又見《太平御覽》卷七百八十五、《冊府元龜》卷九百五十六、《通志》卷一百九十七。）

〔校記〕

〔一〕此句，《御覽》無。

〔二〕數萬人，《御覽》作「萬人」。

（武山）高可萬仞，上有石窟，中有一石如狗形，云是槃瓠。（《通典》卷一百八十三。）

按，此條，曾國荃《（光緒）湖南通志》卷四十亦引之，條目與各書異：「武溪山有槃瓠石窟。俗相傳曰：槃瓠每歲七月二十五日，種類四集於廟，扶老攜幼，環宿其旁，凡五日祠以牛羓、酒酢椎歌歡飲即還（黃閔《武陵記》）。」觀曾氏所引格式，此數句應全爲黃閔《武陵記》。清全祖望《鮚埼亭集外編》卷四十五《答沔浦房師一統志彙書》言黃氏所記「武山」實爲「武陵山」之誤：「再讀來諭，欲定常德府之武山，是後人以辰州之山誤屬之者。其說似有未盡。在常德府者本武陵山，乃首縣所以得名者，即河洑山，又一名太和山，而支山則爲高吾山，一名西山，又有鹿山，是其連岡接隴，氣不小特，世多從其省文，稱爲武山，而黃閔《武陵記》遂混擾以辰州磐瓠之語，《方輿勝覽》因之，此其失原，不自石倉始也。」

石窟

（壺頭山）山頭與東海方壺山相似，神仙多所遊集，因名壺頭山也。山邊有石窟，即馬援所穿室，以避炎氣也。室內有蛇如百斛船大，云是援之餘靈也。（《兩漢博聞》卷十二。）

壺頭山邊有石窟〔一〕，即援所穿室也〔二〕。室內有蛇如百斛船大〔三〕，云是援之餘靈。（《後漢書・馬援列傳》李賢等注。又見《太平御覽》卷一百七十一、《太平御覽》卷一百七十四。）

〔校記〕

〔一〕山邊，《御覽》卷一百七十四作「山傍」。

〔二〕此句，《御覽》卷一百七十一作「即馬援所穿屋也」，

〔三〕如百斛船大，《御覽》卷一百七十一作「大蛇如船」，《御覽》卷一百七十四作「數百斛以大」。

壺頭山邊有石窟，即援所居室也。〔一〕此山頭與東海方壺山相似，神仙多所遊集，因名壺頭。下有援停車處。〔二〕（《輿地紀勝》卷七十五。又見《後漢書・馬援列傳》李賢等注、《資治通鑒釋文》卷五、《通鑒綱目》卷九上。）

〔校記〕

〔一〕此二句，《後漢書》注、《資治通鑒釋文》、《通鑒綱目》無。

〔二〕此句，《後漢書》注、《資治通鑒釋文》、《通鑒綱目》無。

壺頭山在縣東，馬援所穿室也。室內有蛇如百斛船，云是援之餘靈。（《太平御覽》卷四十九、《事類賦注》卷七。）

今山邊有石窟，即援穿空室處〔一〕。（《元和郡縣志》卷三十一。又見《方輿勝覽》卷三十、《資治通鑒補》卷四十四、《輿地紀勝》卷七十五。）

〔校記〕

〔一〕穿空室處，《方輿勝覽》卷三十、《資治通鑒補》作「所居石室」；《輿地紀勝》作「馬援征蠻所居」。

壺頭山在東，神仙多遊集焉，後漢馬援軍渡處。（《通典》卷一百八十三。）

酉沅二川

武陵郡東有水，名鼎口，每望川中行舟，如樹之一葉。（《太平寰宇記》卷一百一十八。）

酉沅二川，交互口津渚平闊城中，遠眺行舟，若樹一葉也。（《輿地紀勝》卷七十五。）

綠蘿山

有綠蘿山，側巖垂水懸蘿，百里許得明月池，碧潭鏡澈，百尺見底。素岸若雪，松如插翠。流風叩阿，有絲桐之韻。土人爲之歌曰：「仰茲山兮迢迢，

層石構兮峨峨。朝日麗兮陽巖，落景梁兮陰阿。彰壑兮生音，吟籟兮相和。敷芳兮緣林，恬淡兮潤波。樂茲潭兮安流，緩爾擢兮詠歌。」（《太平御覽》卷五百七十二。）

　　綠蘿山，側巖垂水，懸蘿釣流。又有明月池，碧潭鏡澈，百丈見底。士人爲之歌曰：「仰茲山兮迢迢，層石構兮嵯峨。樂茲潭兮安流，緩子櫂兮詠歌。」（《北堂書鈔》卷一百零六。）

　　綠蘿山，素崖若披雲，寒松摭翠，流風叩柯，則有宮商之韻。（《北堂書鈔》卷一百五十一。）

嶺池

　　武陵有一孤嶺，上有一池水數畝，魚鼈無不備有，其七月七日皆出遊嶺巔，類族各別。（《北堂書鈔》卷一百五十五。）

丹陂

　　有湖名爲丹陂，周廻數百頃，青波澄映，洲嶼相望。（《太平御覽》卷六十六。）

天門山

　　天門山，上有葱，如人所種，畦隴成行。人欲取之，先禱山神乃取。氣味甚美。不然者不可得。巖中有書數千卷，人見而不可取。（《太平寰宇記》卷一百一十八、《太平御覽》卷四十九、《輿地紀勝》卷六十八。）

武陵郡境

　　武陵郡境四千餘里。〔一〕（《太平寰宇記》卷一百二十。又見《太平御覽》卷一百六十八、《輿地紀勝》卷一百七十六。）

　　〔校記〕
　　〔一〕《紀勝》此處有「則其跨據必多」句。

存疑

　　擬黎瑔，黃閔《武陵記》：醇美似酃醁。（《斅藝齋詩存》卷二。按，此條，清前各書不見，不知《斅藝齋詩存》作者從何處輯得此條。）

《沅川記》　梁黃閔

　　黃閔《沅川記》，史志不見載，《沅川記》，或作《沅州記》，「州」，當爲「川」之誤。黃閔，見《武陵記》。沅陵，南齊時屬武陵，治今湖南常德。又，諸書徵引有《沅陵記》一種，其條目有與《沅川記》類者，不知二者是否爲一書，今且附於《沅川記》後。

孤山

　　沅川有孤山，巖石崔嵬，上有葱，如人所種。人時往取，援輒斷絕。請神而求，不挽自出。（《初學記》卷八。又見《錦繡萬花谷》後集卷六。）

　　〔校記〕

　　〔一〕人，《錦繡萬花谷》作「常」。

　　《寰宇記》載《沅水記》云：沅陵縣有孤山，巖石上有葱如人植，人時往拔取，輒絕。禱神而求，不拔自出。（《輿地紀勝》卷七十五。《輿地紀勝》此條轉引自《太平寰宇記》，並言出《沅水記》，其與上條《沅川記》類。《沅水記》、《沅川記》，或爲一書之異名。）

明月池

　　山下有明月池，兩岸素崖若被雪，寒松如插翠。（《輿地紀勝》卷七十五。）

鼎口

　　沅川水名鼎口，昔有神鼎出乎其間。（《初學記》卷八。）

鼎口

　　有水名鼎口，則沅、澧二江之最深之處，尤多魚。（《太平寰宇記》卷一百一十八。《寰宇記》言此條出《沅州記》。）

鬼葬山

　　其中巖有棺木，遙望可長十餘丈，謂鬼葬之墟。故老云，鬼造此棺，七日晝昏，唯聞斧鑿聲。人家不覺失器物刀斧，七日霽，所失之物悉還其主。錯斧皆有肥膩腥臊，見此棺儼然橫據岸畔。（《太平廣記》卷三百五十一。此條，《太平廣記》言轉引自《洽聞記》。）

三亭水

五溪之外有別溪，名三亭水。（《輿地紀勝》卷七十五。此條，《輿地紀勝》言出《沅水記》。）

《沅陵記》

五溪十洞

五溪十洞頗爲邊患，自馬伏波征南之後，雖爲〔一〕郡縣，其民叛擾，代或有之，〔二〕蓋恃山險〔三〕所致。（《太平御覽》卷一百七十一。又見《輿地紀勝》卷七十五。此條，二書皆言爲《沅陵記》。）

〔校記〕

〔一〕雖爲，《輿地紀勝》作「雜爲」。

〔二〕《輿地紀勝》無此句。

〔三〕山險，《輿地紀勝》作「險」。

明月池

明月山下有明月池，兩岸素山，崖石如披雪，寒松如插翠，在縣東二百里。（《元和郡縣志》卷三十一。此條，《元和郡縣志》言出《沅陵記》，《輿地紀勝》言出《沅川記》，此條亦同見於黃閔《武陵記》。）

《武陵記》　　梁伍安貧

伍安貧，字子素，南朝梁人，生卒年不詳，武陵漢壽（今湖南常德）人。《（嘉靖）常德府志》卷十五、《明一統志》卷六十四言其博雅嗜學，並言其嘗撰《武陵圖志》。《輿地紀勝》言其撰《武陵地理記》，應皆爲《武陵記》之別稱。伍安貧祖輩有名伍朝者，明廖道南《楚紀》卷四十七言：「伍朝，字世明，武陵漢壽人也。少有雅操，閑居樂道，不修世事，性好學，以士徵不就，刺史劉弘薦朝爲零陵太守，奏可而朝不就，終於家。厥後有伍安貧者，博雅幽尚，有朝之風，梁屢命有司徵之不就，伍安貧有其祖之遺風。」《輿地紀勝》卷六十八載，崇雅寺爲伍安貧之故居，在武陵東，齊高章王守郡，以伍氏可崇，遂啓武帝改所建之寺，名曰「崇雅」。伍安貧《武

陵記》，史志不載，唐宋時書徵引數條。南宋時《輿地紀勝》、《方輿勝覽》等仍徵引，或其南宋時仍存。伍安貧《武陵記》，陳運溶《麓山精舍叢書》、劉緯毅《漢唐方志輯佚》皆輯。

巴陵郡

巴陵郡西有寺，寺房廊林下忽有樹生，眾僧移屋避之，晚更滋茂，莫有認者。外國沙門云是波羅蜜擲，常著花，細白。永嘉四年，忽生一花，狀似芙蓉，推其靈景，未能量也。（《北戶錄》卷三。）

虞夏之遺風

（沅江縣）人氣和柔〔一〕，多淳孝，少宦情，常彈五絃之琴〔二〕，以黃老自樂，有虞夏之遺風。（《輿地紀勝》卷六十八。又見《方輿勝覽》卷三十。）

〔校記〕

〔一〕此句，《方輿勝覽》無。

〔二〕此句，《方輿勝覽》無。

黃道真

晉太康中，武陵漁人黃道真泛舟自沅泝流而入。道真既出，白太守劉歆。歆與俱往，則已迷路。（《方輿勝覽》卷三十。）

桃花源

昔有臨沅黃道真，在黃聞山側釣魚，因入桃花源。陶潛有《桃花源記》。今山下有潭，立名黃聞，此蓋聞道真所說，遂為其名也。（《太平御覽》卷四十九、《太平寰宇記》卷一百一十八。）

昔臨沅人黃道真在此山（黃聞山）釣魚，見桃花源，即陶潛所記是也。（《輿地紀勝》卷六十八、《方輿勝覽》卷三十。）

武陵山

武陵山中有秦避世人，居之尋水，號曰桃花源，故陶潛有《桃花源記》，又云山上有神母祠。（《太平御覽》卷四十九。）

學書池

晉朝高士伍朝別墅，堂下有學書池，色微黑，今遺跡存焉。（《輿地紀勝》卷六十八。）

芰、菱

四角、三角曰芰，兩角曰菱。其花紫色〔一〕，晝合宵炕，隨月轉移，猶葵之隨日也〔二〕。越中所產進羅文菱最大，即所謂腰菱也。〔三〕（《（嘉泰）會稽志》卷十七。又見《埤雅》卷十五、《增修埤雅廣要》卷二十六、《古今韻會舉要》卷九。）

〔校記〕

〔一〕其花紫色，《韻會舉要》作「花紫」。

〔二〕此句，《韻會舉要》無。

〔三〕此三句，《埤雅》等諸書皆無。

四角、三角曰芰，兩角曰菱，一名水栗，一名薢。〔一〕（《海錄碎事》卷二十二下。又見《九家集注杜詩》卷二。）

〔校記〕

〔一〕此二句，《九家集注杜詩》作「芰，一名水栗。」

兩角曰菱，四角曰芰，通謂之水栗，人多以芰爲荷。〔一〕（《（咸淳）毗陵志》卷十三。又見《類說》卷四十二。）

〔校記〕

〔一〕此二句，《類說》作「芰，通謂水栗。」

四角、三角曰芰，兩角曰菱。（《酉陽雜俎》前集卷十九、《資治通鑒補》卷二百一十四、《吳郡志》卷三十、《會稽三賦·會稽風俗賦》注、《戰國策校注》卷五、《韻府群玉》卷七下。此條，《酉陽雜俎》言出王安貧《武陵記》，「王」，應爲「伍」之誤。）

兩角曰菱，三角四角曰芰，通謂之水栗。（《杜工部草堂詩箋》卷六、《離騷草木疏》卷一、《紺珠集》卷六。按，《離騷草木疏》言此條出王安貧《武陵記》，「王安貧」，應亦「伍安貧」之誤。）

《吳興入東記》　　梁吳均

吳均（469-520），字叔庠，吳郡故鄣（今浙江安吉）人，天監初爲吳興主簿，旋兼建安王偉記室，終除奉朝請，撰《齊春秋》，以不實免職，事見《梁書·文學傳》。所作詩歌文體清拔，好事者稱爲「吳均體」，又有小說《續齊諧記》等。《吳興入東記》，卷亡，史志不著錄。吳興，梁時治烏程，即今浙江湖州市。清范鍇《范白舫所刊書》、劉緯毅《漢唐方志輯佚》、李德輝《晉唐兩宋行記輯校》皆輯此書。

茅山

昔〔一〕三茅君隱此，與延陵、句容之茅山同也。〔二〕（《太平寰宇記》卷九十四。又見《輿地紀勝》卷四、《（嘉泰）吳興志》卷四。）

〔校記〕

〔一〕昔，《輿地紀勝》無。

〔二〕此句，《（嘉泰）吳興志》無。

昇山

王羲之爲太守，常遊踐，〔一〕嘗〔二〕升此山，顧〔三〕謂賓〔四〕客曰：「百年之後，誰知王逸少與諸卿遊此〔五〕乎！」因有昇山之號，立烏亭於山上。（《太平寰宇記》卷九十四。又見《輿地紀勝》卷四。）

〔校記〕

〔一〕此句，《輿地紀勝》無。

〔二〕嘗，《輿地紀勝》作「因」。

〔三〕顧，《輿地紀勝》無。

〔四〕賓，《輿地紀勝》無。

〔五〕此，《輿地紀勝》無。

洛山

昔□□永嘉中，過江昇此以望洛，一名望洛山。（《（嘉泰）吳興志》卷四。）

石佛

昔宋元嘉元年，有石佛自川湧出，因創精舍，以佛川名之。〔一〕（《（嘉泰）吳興志》卷五。又見《輿地紀勝》卷四。）

〔校記〕

〔一〕此句，《輿地紀勝》作「因名」。

吳羌山

昔漢高士吳羌避王莽之亂隱居此山，後人名焉。〔一〕又宋沈麟士居於此，講經教授，〔二〕從學者數千百人，時爲之語曰：「吳羌山中有賢士，開門教授若〔三〕城市。」（《（嘉泰）吳興志》卷四。又見《輿地紀勝》卷四。）

〔校記〕

〔一〕此句，《輿地紀勝》無。

〔二〕此句，《輿地紀勝》無。

〔三〕若，《輿地紀勝》作「居」。

吳憾山

昔吳王夫差憾越王傷父之足，進軍征之，於此築壘。（《（嘉泰）吳興志》卷四。）

厥山

吳有文士〔一〕陸厥，嘗家於此山〔二〕。（《太平寰宇記》卷九十四。又見《（嘉泰）吳興志》卷四。）

〔校記〕

〔一〕文士，《（嘉泰）吳興志》無。

〔二〕山，《（嘉泰）吳興志》無。

葛山

葛仙公得仙之所，上有葛公壇。（《太平寰宇記》卷九十四、《（嘉泰）吳興志》卷四、《輿地紀勝》卷四。）

女獄城

後漢青州刺史姚恢，與海昏候沈戎過江，陰爭柯日山居之。〔一〕恢女密報戎，戎先居之。姚氏三代不養女，有女則囚於此山。〔二〕（《太平寰宇記》卷九十四。又見《（嘉泰）吳興志》卷四。）

〔校記〕

〔一〕此句，《（嘉泰）吳興志》作「與海昏侯沈戎，卜居柯田山」。

〔二〕此二句，《（嘉泰）吳興志》作「姚氏囚女於此山，三世不復養女，後人名之。」

西亭

惲爲郡，起西亭、毗山二亭，悉有詩。（《顏魯公文集》卷五。）

牧馬岡

牧馬岡，在長興縣西南四十里。吳王牧馬之所〔一〕。（《（嘉泰）吳興志》卷四。又見《（嘉泰）吳興志》卷二十。）

〔校記〕

〔一〕所，《（嘉泰）吳興志》卷二十作「處」。

東晉山

東晉時，欲於此山立城邑，因以爲名。（《（嘉泰）吳興志》卷四。）

《建安記》 梁蕭子開

　　蕭子開《建安記》，卷亡，史志不著錄。蕭子開，南朝梁時人，生卒年不詳，南蘭陵（今江蘇常州）人，嘗爲南徐州治中。《建安記》一書，北宋諸書多徵引，當其北宋時仍存。南宋諸書徵引各條目不出北宋之書外，是書或亡於兩宋之交。建安，三國吳時置，晉、宋、齊、梁因之，治今福建建甌市。劉緯毅《漢唐方志輯佚》輯是書，陳慶元《蕭子開〈建安記〉輯証》一文亦輯是書條目數則。

司命真君之府

　　昔漁人入潭中，見石室，金字〔一〕題額曰「玉清之〔二〕洞」。有一〔三〕青衣童子〔四〕出曰：「此司命眞君之府也。」（《方輿勝覽》卷十一。又見《輿地紀勝》卷一百二十九。此條，二書均言出蕭子開《建安志》。）

〔校記〕
〔一〕字，《輿地紀勝》無。
〔二〕之，《輿地紀勝》無。
〔三〕一，《輿地紀勝》無。
〔四〕童子，《輿地紀勝》無。

墜馬州

　　郡西南大溪之中有仙人洲，〔一〕昔梅眞人上升，墜馬於此洲，故後名墜馬洲。（《太平御覽》卷六十九。又見《太平寰宇記》卷一百零一。）

〔校記〕
〔一〕此句，《太平寰宇記》無。

　　梅〔一〕眞人上昇，墜馬於此。（《輿地紀勝》卷一百二十九。又見《新定九域志》卷九。）

〔校記〕
〔一〕梅，《新定九域志》作「海」。

　　眞人上升，墜馬於山之西松溪，因曰墜馬洲，渡曰驂鸞渡。（《方輿勝覽》卷十一。）

天階山

天階山，在將樂縣南二十里，山下有寶華洞，即赤松子採藥之所。洞中有石燕、石蝙蝠、石室、石柱，並石臼、石井。俗云其井南通沙縣溪，復有乳泉自上而滴，人以服之，登山頂者，若升碧霄，故有天階之號。（《太平御覽》卷四十七、《太平寰宇記》卷一百。）

孤山

孤山，在環璋之間，其地坦平，悉是溝塍阡陌，以此山挺然孤立，因以名之〔一〕。（《太平御覽》卷四十七。又見《太平寰宇記》卷一百零一、《輿地紀勝》卷一百二十九。）

〔校記〕

〔一〕此句，《太平寰宇記》、《輿地紀勝》作「因名」。

夢筆山

夢筆山，一名孤山。江淹爲令，夢神賜筆之所也。（《海錄碎事》卷三上。）

武夷山

武夷山，高五百仞，巖石悉紅紫二色，望之若朝霞，有石壁峭拔數百仞於煙嵐之中。其石間有木碓、礱、簸箕、籮、竹箸什器等物，靡不有之。顧野王謂之地仙之宅。半巖有懸棺數千。（《太平御覽》卷四十七、《太平寰宇記》卷一百零一。）

巖石悉紅紫二色，其石間有木碓、礱、簸籮、箸什物。（《方輿勝覽》卷十一。）

金泉山

金泉山，南枕溪，有細泉出沙，彼人以夏中水小，披沙掏之，得金。山之西有金泉祠。（《太平御覽》卷四十七、《太平寰宇記》卷一百。）

山南枕溪，有細泉出沙，淘之得金。（《輿地紀勝》卷一百三十三。）

高平苑

越王獵於將樂野宮，高平苑爲越王校獵之所。（《太平寰宇記》卷一百、《輿地紀勝》卷一百三十三。）

高平苑，越王校獵之所。（《輿地紀勝》卷一百三十四、《新定九域志》卷九。）

鹿溪

邵武縣眾山西北來，開〔一〕溪源出縣西烏嶺，撫州南城界，謂之鹿溪。東流下與密溪、烏溪〔二〕合，東南入〔三〕至萬福亭入縣界。（《太平寰宇記》卷一百零一。又見《輿地紀勝》卷一百三十四。）

〔校記〕

〔一〕開，《輿地紀勝》作「東開」。

〔二〕烏溪，《輿地紀勝》作「爲」。

〔三〕入，《輿地紀勝》無。

鳴鐃山

一名大戈山。越王無諸，乘象輅。大將軍乘鳴鐃載旗，畋獵登於此山。古老傳，天欲雨，其山即有音樂聲也。（《太平廣記》卷三百九十七。此條，《太平廣記》轉引自《十道記》。）

《南雍州記》　　梁鮑至

鮑至，南朝梁時東海（今山東郯城）人，生卒年不詳。《隋書‧經籍志》言鮑至《南雍州記》六卷；《新唐書‧經籍志》言鮑堅《南雍州記》三卷，明焦竑《國史經籍志》同，清羅士琳《舊唐書校勘記》卷二十八言「『至』與『堅』字形相近，未知孰是」。按：「堅」，當爲「至」之誤。鮑至爲梁時人，其前有宋郭仲產《南雍州記》，《唐書藝文志注》卷二言鮑至《南雍州記》六卷是在郭書的基礎上續寫而成〔註1〕。《南史‧鮑泉傳》：「『泉，東海人也，時又有鮑行卿，行卿弟客卿，位南康太守，客卿三子檢、正、至，並才藝知名，爲湘東王五佐。』又《庾肩吾傳》：『肩吾初爲晉安王國常侍，王鎮雍州，被命與劉孝威、江伯搖、孔敬通、申子悅、徐防、徐摛、王囿、孔鑠、鮑至等十人抄撰眾書，豐其果饌，號高齋學士。王爲皇太子，開文德省，置學士，肩吾子信、徐摛子陵、吳郡張長公、北地傅弘、東海鮑至等充其選。』又《梁書‧簡文帝本紀》：『天監五年，封晉安郡王，普通四

〔註1〕清《唐書藝文志注》卷二言：「鮑堅《南雍州記》三卷，《隋‧志》《南雍州記》六卷，鮑至撰。至，見《南史‧鮑泉傳》，「堅」當作「至」，《舊志》作郭仲彥，「彥」當作「產」，仲產宋時人，在至之前，至蓋續其書也。」

年爲使持節都督雍、梁、南北秦四州，竟陵隨郡諸軍，事雍州刺史。』可見鮑至此書應作於天監五年左右其爲晉安郡王高齋學士時。」姚振宗《隋書經籍志考證》黃惠賢輯校《南雍州記》序言此書當成書於梁武帝中大通二年（西元五三零年）前後〔註2〕。鮑至成書晚於酈道元注《水經》，故《水經注》不見引鮑至《南雍州記》。此書，《太平寰宇記》、《太平御覽》諸書均徵引之，南宋時陳思《寶刻叢編》仍錄，並與《寰宇記》所錄差異較大，當此書南宋時仍存。《宋史·藝文志》不著錄此書，其或亡於宋元之交。南雍州，晉孝武始於襄陽僑立，宋、齊、梁並因之。

蕭相國廟

（襄陽）城內見有蕭相國廟，相傳謂爲城隍神。遠近而推，茂陵書亦可依矣。（《通典》卷一百七十七。）

蕭相國廟，在城內。（《輿地紀勝》卷八十七。《紀勝》此條不著作者，其文字與《通典》類，應出自一書。）

何昔受封於此廟，今相傳謂城隍神。（《太平寰宇記》卷一百四十五。）

穀城

魏學生塚碑在今襄州之穀城。穀城，穀伯綏之國，其東北有學生塚，塚有碑。（《寶刻叢編》卷三。）

穀伯綏之舊國也。昔城門前有石人，刻其腹曰「摩髁愼莫言」，亦金人緘口銘之流也。（《太平寰宇記》卷一百四十五。按，《太平寰宇記》此條未言作者，《寶刻叢編》卷三言爲鮑至《南雍州記》，二者條目稍有差異，但爲鮑至作無疑。）

南雍州

永嘉之亂，三輔豪族流於樊、沔，僑於漢側。立雍州，因人所思，以安百姓也。宋文帝因之置南雍州焉。（《太平御覽》卷一百六十八。）

參佐廨

襄陽金城南門外道東，有參佐廨，舊傳甚凶，住者不死必病。梁昭明太子臨州，給府寮呂休蒨。休蒨常在廳事北頭眠，鬼牽休蒨，休蒨墜地。久之

〔註2〕關於此點，可參看黃惠賢校補《襄陽耆舊記》書後附錄：《有關心齋十種本〈襄陽耆舊記〉的幾個問題淺探》一文。

悟。俄而休蒨有罪賜死。後今蕭騰初上,至羊口岸,忽有一丈夫著白紗高室帽,烏布袴,披袍造騰。疑其服異,拒之。行數里復至,求寄載,騰轉疑焉。如此數廻,而騰有妓妾數人,舉止所爲,稍異常日,歌笑悲啼,無復恒節。及騰至襄陽,此人亦經日一來,後累辰不去。好披袍縛袴,跨狗而行。或變易俄頃,詠詩歌謠,言笑自若,自稱是周瑜,恒止騰舍。騰備爲禳遣之術,有時暫去,尋復來。騰又領門生二十人,拔刀砍之,或跳上室梁,走入林中,來往迅速,竟不可得。乃入妾屏風里,作歌曰:「逢歡羊口岸,結愛桃林津。胡桃擲去肉,訝汝不識人。」頃之,有道士趙疊義爲騰設壇,置醮行禁。自道士入門,諸妾並悲叫,若將遠別。俄而一龜徑尺餘,自到壇而死,諸妾亦差,騰妾聲貌悉不多。諮議參軍韋言辯善戲謔,因宴而啓云:「常聞世間人道『黠如鬼』,今見鬼定是癡鬼,若黠,不應魅蕭騰妓。以此而度,足驗鬼癡。」(《太平廣記》卷四百六十九。)

衛敬瑜妻

衛敬瑜妻,年十六而夫亡,父母舅姑欲嫁之,乃截耳爲誓,不許。戶有巢燕,常雙飛,後忽孤飛,女感其偏棲,乃以縷繫脚爲誌。後歲,此燕果復來,猶帶前縷。妻爲詩曰:「昔年無偶去,今春又獨歸。故人恩義重,不忍更雙飛。」(《太平廣記》卷二百七十。)

王整之姊適衛玠,十六而寡,父母欲嫁之,乃自截鼻以誓,墓前柏樹爲之連理。(《太平寰宇記》卷一百四十五。)

馬水

龍居縣南有馬水。(《初學記》卷八、《錦繡萬花谷》後集卷六。)

按,此條,劉緯毅輯入郭仲產《南雍州記》。黃惠賢考之,爲鮑至撰:龍居縣,不見記載。《隋書》卷三一《地理志》,荊州漢東郡有土山縣。梁曰龍巢,後周改左陽,開皇十八年改爲眞陽,大業初又改爲土山。在郡治隨之東北。按《輿地紀勝》卷八十三「隨州,風俗形勝,山名曰龍居」,引《漢東志》:「自隋文帝興之後,名龍居」。又「古跡」隋文帝宅,引《漢東志》:在州城西南,自隋文帝興之後,山名曰龍居」。疑《南雍州記》原作「龍巢縣」,後訛爲「龍居縣」。若此,則此《南雍州記》爲鮑至所撰。黃氏考證頗詳,今從其說。

高齋

　　簡文爲晉安王鎭襄陽日，又引劉孝威、庾肩吾、徐防、江伯操、孔敬通、惠子悅、徐陵、王囿、孔鑠等於此齋，綜覆詩集於時，鮑至亦在，數凡十人，資給豐厚，日設肴饌，於時號爲「高齋學士」。(《太平御覽》卷一百八十五。)

高齋

　　高齋，其泥色甚鮮淨，故此名焉。南平世子恪臨州，有甘露降此齋前竹林。昭明太子於齋營集道義，以時相繼。(《太平御覽》卷一百八十五。)

栗齋

　　白土齋南道有一齋，以栗爲屋。梁武帝臨州寢臥於此齋中。常有五色雲廻轉，狀如盤龍。屋上恒紫雲騰起，形似繖蓋，遠近望者莫不異焉。梁武帝於此龍飛。(《太平御覽》卷一百八十五。)

下齋

　　高齋東北有一齋，名曰下齋，次於高齋。制度壯麗，極爽塏。刺史辯決獄訟，舊出此齋。(《太平御覽》卷一百八十五。)

　　按，以上三條，《太平御覽》言出《雍州記》，但考其所記地理方位，與上條「簡文爲晉安王」所記近，並鮑至常從簡文帝遊，爲高齋學士，則此爲鮑《記》似可信也。或是《御覽》引用時將《南雍州記》簡作《雍州記》所致誤。此類現象其他書中亦存，如《太平寰宇記》卷一百四十二引郭仲產《南雍州記》「石橋水」條，亦簡作《雍州記》。

樂喜臺

　　高齋之後有堂，堂西有射堂五間，射堂南有大池，池上有臺，名曰樂喜臺。(《太平御覽》卷一百七十八。)

　　按，此條，《御覽》不言作者，《說郛》宛委山堂本卷六十一言爲王韶作，《佩文韻府》沿其說。黃惠賢言此條爲鮑至作，但未言證據。但考此條內容，與上文「高齋」條前後相應，此書作者應是先寫「高齋」，再寫其周圍建築。「高齋」條既爲鮑至作，則此條應爲鮑至作無疑。

存疑

竹罌酌酒

　　辛居士名宣仲，截竹爲罌以酌酒。曰：「吾性甚愛竹及酒，欲令二物並耳。」竟陵王謁之，呼兒取豹皮下五文錢買瓜共飲。（《紺珠集》卷九。）

　按，此條內容，《太平御覽》卷五百七十六所引《襄沔記》與此類。《說郛》宛委山堂本卷六十一所引稍異，言爲晉王韶作。《庾子山集注》、《駢字類編》沿其說。《太平御覽》卷五百七十六言辛居士「大明末，寓居襄陽縣西六里。」王謨將此條放入鮑至《南雍州記》。

望楚山

　　（望楚山）凡三名，一名馬鞍山；又名笑山。宋元嘉中，武陵王駿爲刺史，屢登陟焉，因其舊名，以望見鄴城，改爲望楚山，後遂龍飛。爲孝武帝所望之處，時人號爲鳳嶺，高處有三礎，是劉弘、山簡等九日宴賞之所。（《太平寰宇記》卷一百四十五。）

　按，此條，《歲時廣記》、《太平御覽》、《事類賦注》、《天中記》、《山堂肆考》、《類雋》、《廣事類賦》均言出《襄陽記》。

楚王塚

　　齊建元中，盜發楚王塚，獲玉鏡、玉屐，又得古書、青絲簡編。（《紺珠集》卷九。此條，（《紺珠集》言出《南雍州記》，考之，其應爲唐人所作《壟上記》。）

《南雍州記》　　佚名

　　除郭仲產《南雍州記》及鮑至《南雍州記》外，歷代各書所輯數條《南雍州記》均未言作者，皆另置。此外，《說郛》宛委山堂本及清黃奭《漢學堂叢書》輯得王韶（之）《南雍州記》一卷，均不言出處。然王韶（之）此記，史志均無記載，又考《說郛》所輯數條，《太平御覽》、《太平寰宇記》已明言爲他人所作，《說郛》當誤輯也。

百里奚

百里奚宋井伯，宛人也。（《史記・晉世家》張守節正義。）

羊祜碑

楊世安同記室、主簿讀祜碑訖，乃長嘆曰：「大丈夫在，在當立名，吾雖不敏，豈獨無意？」自爾爲政，務存寬簡。荊州人爲祜諱：名屋室皆以門爲稱，改「戶曹」爲「辭曹」。（《襄陽耆舊記注》卷五。）

按，此條出習鑿齒《襄陽耆舊記》，習鑿齒爲東晉時人，而《南雍州記》一作於南朝宋時，一作於南朝梁時，此必不爲習鑿齒原文所錄。或以爲此條當爲後人注習氏《襄陽耆舊記》時增入。吳慶燾《襄陽耆舊記注》言：「此段蓋後人注於彥威書後者，任氏不考，竟沿其誤，今刪而爲辨識於此。」吳論應對。

沉碑

其（杜預）沉碑。今天色晴朗，漁人常見此碑於水中也。預在鎮，因宴集，醉臥齋中，外人聞嘔吐之聲，竊窺於戶，止見一大蛇，垂頭而吐。聞者異之。（《襄陽耆舊記》注卷五。）

天色晴明，漁人常見此碑於潭中，謂之沉碑潭。（《輿地紀勝》卷八十二。）

梅溪

南陽縣西七里有梅溪〔一〕，源發紫山，南經百里奚故宅。（《太平寰宇記》卷一百四十二。又見《初學記》卷八。）

〔校記〕

〔一〕《初學記》僅存此句。劉緯毅《漢唐方志輯佚》將《初學記》此句輯入郭仲產《南雍州記》，又將《太平寰宇記》此條列於佚名《南雍州記》下。《初學記》條與《太平寰宇記》條二者應出自一書，似不應單列。

鄧州

鄧州地名曰梅谿。（《書敘指南》卷十四。）

白公湍

秦將白起伐楚之日〔一〕，涉此水（蠻水）而濟，因號白公湍〔二〕。今有三磧，亦名三洲赤石湍。（《太平寰宇記》卷一百四十五。又見《輿地紀勝》卷八十三。）

〔校記〕

〔一〕秦將，《輿地紀勝》無。

〔二〕因號，《輿地紀勝》作「號」。

古魚

古魚井內一魚無肉，唯骨相連耳。（《太平寰宇記》卷一百四十五。）

五陌村

酇城南四里有五陌村〔一〕，榆樹連理，異本合幹，高四丈〔二〕，鄉人以爲社，其洲並樹在五陌村，因此爲名。（《太平寰宇記》卷一百四十五。又見《輿地紀勝》卷八十七。）

〔校記〕

〔一〕五陌，《輿地紀勝》作「五百」。

〔二〕此句，《輿地紀勝》無。

石梁山

石梁山，形似橋梁也，白雲起，即崇朝而雨，人以爲準〔一〕（《太平寰宇記》卷一百四十五。又見《輿地紀勝》卷八十二。王謨、劉緯毅皆將此條輯入鮑至《南雍州記》。）

〔校記〕

〔一〕此句，《輿地紀勝》無。

馬窟山〔一〕

漢時有馬百匹，從此窟出，舊名馬頭山，勅改爲馬窟〔二〕。（《太平寰宇記》卷一百四十七。又見《輿地紀勝》卷八十七。王謨、劉緯毅均將此條輯入鮑至《南雍州記》。）

〔校記〕

〔一〕此條，《方輿勝覽》卷三十三言出《雍州記》。

〔二〕此二句，《輿地紀勝》作「因此名爲馬頭山」。

溫水

溫水出紅農縣境〔一〕。冬月微溫〔二〕。（《太平寰宇記》卷一百四十七。又見《輿地紀勝》卷八十七。）

〔校記〕

〔一〕此句，《輿地紀勝》作「出自弘農縣境」。

〔二〕此句後，《輿地紀勝》有「因以名之」句。

國王城

晉順陽王暢所都。（《輿地紀勝》卷八十三。）

湍水

（穰）縣北七里有湍水，六門堨、白水、濁水、棘水是也。（《太平寰宇記》卷一百四十二。）

粉水

蕭何夫人漬粉鮮潔，異於諸水〔一〕，因立名〔二〕。（《太平寰宇記》卷一百四十五。又見《輿地紀勝》卷八十二。）

〔校記〕

〔一〕鮮潔，《輿地紀勝》作「潔」。

〔二〕因立名，《輿地紀勝》作「因名」。

學生墓

魏時，陰城令濟南劉喜好古博雅，開設學校，學生百餘人，有不終業而夭者，為收葬之，號曰學生墓。（《輿地紀勝》卷八十七。歐陽修《集古錄》卷四言此條出《水經注》。）

牽羊壇

襄陽有壇，號牽羊壇，刺史初至，必牽一羊，詣壇令繞之，以其遭數驗臨州之年。晉文帝為刺史，羊行六遭不止，強止之，果八年而遷。（《紺珠集》卷九。按，此條，《海錄碎事》卷十二、《古今類事》卷十八皆言轉引自《襄陽耆舊傳》。）

白馬山

每年，刺史三月三日禊飲於此。（《輿地紀勝》卷八十三。按，此條，《紀勝》不言作者，惟《（嘉慶）大清一統志》言出自郭仲產《南雍州記》。）

諸葛亮故宅

隆中諸葛亮故宅有舊井一，今涸無水，盛弘之《記》云：井深五丈，廣五尺，堂前有三間屋地，基址極高，云是孔明避暑臺宅。西山臨水，孔明常登之鼓琴，以為《梁父吟》，因名此為樂山。先有人家居此宅，衰殄滅亡，後人不敢復憩焉。齊建武中，有人修井得一石枕，高一尺二寸，長九寸，獻晉安王。習鑿齒又為宅銘。（《說郛》宛委山堂本卷六十一。此條內容，《太平御覽》

卷一百七十七亦引：「《南雍州記》曰：隆中諸葛亮故宅有舊井一，今涸無水。盛弘之《記》云宅西有三間屋，基跡極高，云是孔明避水臺。先有人姓董，居之滅門，後無復敢有住者。齊建武中，有人修井，得一石枕，高一尺二寸，長九寸，獻晉安王。習鑿齒又爲宅銘，今宅院見在。」此條內容，品《御覽》意，似乎僅「隆中諸葛亮故宅有舊井一今涸無水」句出自《南雍州記》，而《說郛》則以爲從「諸葛亮故宅」到「晉習鑿齒又爲宅銘名」數句均出王韶《南雍州記》，考《宋書》，王韶之卒於劉宋元嘉十二年，而此處所引盛弘之《荊州記》，成書於元嘉十四年後，則盛弘之《荊州記》必不爲其所見，《說郛》將此數句皆輯入王韶（之）《南雍州記》，非也。）

龍興寺

龍興寺，在襄陽縣西北三里，有金銅像，《雍州記》云，釋道安所立。（《輿地紀勝》卷八十三。）

按：西晉裴秀有《雍州記》一種。但考此處所言龍興寺所屬襄陽，西晉時不屬雍州。另外，此條所記釋道安，爲東晉時人，裴秀必不見其事，此條應作於東晉之後，此條所記襄陽，南朝宋與梁時皆屬南雍州，其應爲《南雍州記》無疑。此條，當是《輿地紀勝》作者引用時將《南雍州記》簡寫爲《雍州記》所致。

光武臺

光武臺，在新野縣。（《太平寰宇記》卷一百四十二。）

按：此條，王謨、黃惠賢皆輯，劉緯毅不輯。考金溪趙承恩紅杏山房刻本以及金陵書局本《太平寰宇記》卷一百四十二錄此條。但文淵閣四庫全書補配古逸叢書本《太平寰宇記》卷一百四十二不錄此條。各家輯佚時或所據底本不一，從而有漏輯者。

存疑

酒泉

福祿城，謝艾所築，下有金泉，味如酒，有人飲此泉水，見有金色從山中照水，往取得金，故名。（《說郛》宛委山堂本卷六十一。）

按：此條，《寰宇記》言「福祿城謝艾所築，下有金泉，味如酒」句出自《河西舊事》，《說郛》則言出自王韶（之）《南雍州記》，或誤也。《太平寰宇記》卷三十一言「（金泉）有人飲此泉水，見有金色從山照水，往取得金，故有此名」條

出《雍州記》，考其所處雲陽縣，後漢時屬左馮翊，至西晉時屬雍州，此或爲西晉裴秀所著《雍州記》也。

鄧禹宅

禹與鄧晨宅隔陂，雖垣墻已平，基塹可識，陂即三泉陂也。（《明一統志》卷三十。又見《（雍正）河南通志》卷五十二。此條，明前書目均未徵引。姑置於此。）

禹與弟鄧晨宅隔陂，即三泉陂。（《（雍正）河南通志》卷五十二。）

桓沖北伐

晉桓沖北伐，屯軍於此，時方食桃，至春其核萌生遂成。（此條，《明一統志》卷六十、《（嘉靖）湖廣圖經志書》卷八、《（萬曆）襄陽府志》卷三十均錄。但觀此條均爲各書正文，未標明出處。而《（嘉慶）大清一統志》卷三百四十七、《方輿考證》卷五十九則均言此條出《南雍州記》。）

《武陵記》　　鮑堅

鮑堅《武陵記》，卷亡，史志不載。《（光緒）湖南通志》卷二百四十八言「《武陵記》鮑堅撰，《太平廣記》引」。《說郛》宛委山堂本輯鮑堅《武陵記》數條，《（嘉慶）大清一統志》卷三百六十四引「風門山」一條，亦與《說郛》所輯「風門山」條同，或即轉引自《說郛》。另考《說郛》所輯鮑堅《武陵記》之「武山」條，《後漢書》注、《冊府元龜》等均言出黃閔《武陵記》；又「黃聞山」條，《方輿勝覽》言出伍端休《武陵記》。《說郛》所輯《武陵記》應爲雜錄各書而成，又訛入作者而致誤。

武山

武山，高可萬仞，山半有盤瓠，石窟中有一石，狗形，云是盤瓠之遺像。又有斑蛇，四眼，身大十圍，山有水出，謂之武溪是也。在縣之西。（《說郛》宛委山堂本卷六十一。此條，《後漢書·南蠻西南夷列傳》李賢等注、《冊府元龜》皆均言出黃閔《武陵記》。《說郛》應誤也。）

黃聞山

昔有臨沅黃道眞住黃聞山側釣魚，因入桃花源，陶潛有《桃花記》，今山下有潭，名黃聞，此蓋聞道眞所說，遂爲其名也。(《説郛》宛委山堂本卷六十一。按，此條，《方輿勝覽》言爲伍端休作。)

武陵山

武陵山中有秦避世人居之，尋水號曰桃花源，故陶潛有《桃花源記》。(《説郛》宛委山堂本卷六十一。)

風門山

風門山有石門，去地百餘丈，每欲風起，此門先有黑若煙隱而上，斯須風起竟入。(《説郛》宛委山堂本卷六十一、《(嘉慶)大清一統志》卷三百六十四。)

石帆山

石帆山危起，若數百幅帆形。(《説郛》宛委山堂本卷六十一。)

虎齒山

虎齒山形如虎齒，民嘗六月祭之，不然，輒有虎害。(《説郛》宛委山堂本卷六十一。)

《輿駕東行記》　　梁薛泰

《輿駕東行記》，一卷，《隋書·經籍志》言《輿駕東行記》一卷，薛泰撰。新、舊《唐志》皆作《輿駕東幸記》，皆言作者爲薛泰。梁大同十年（544），武帝大駕東幸，經蘭陵、京口而還，泰爲扈從文臣，隨駕東行。《輿駕東行記》應作於此後。《輿駕東行記》，諸書所引有作《梁武帝輿駕東行記》者，有作《梁武帝東行記》者。明張溥《漢魏六朝一百三家集》卷八十將此記輯入梁武帝集中。

高驪山

有覆船山、酒罃山。南次高驪山，云：昔高驪有女，東海神乘船致酒

禮聘之。女不肯，海神撥船覆酒，流入曲阿，故傳曲阿有美酒。曲阿在丹徒縣。(《海錄碎事》卷六。此條，《海錄碎事》轉引自《圖經》，言出《梁武帝東行記》。)

南次高驪山，又謂之句驪山。傳云，昔高驪女來東海，神乘船致酒。禮聘之，女不肯。海神撥船覆酒流入曲阿湖，故曲阿美酒也。(《輿地紀勝》卷七。)

自〔一〕覆船山、酒罌山、南次高驪山。(《太平寰宇記》卷八十九。又見《太平御覽》卷四十六。此條，《寰宇記》言出《梁武帝興駕東行記》，《太平御覽》言出《梁武興駕東行記》。

〔校記〕

〔一〕自，《太平御覽》作「有」。

《荆南志》 梁蕭繹

蕭繹（508-554），字世誠，即梁元帝，見《梁書·元帝本紀》，梁高祖第七子。蕭繹，天監七年（508）生，十三年封湘東郡王。初爲寧遠將軍，會稽太守，入爲侍中，宣威將軍，丹陽尹，出爲使，持節都督荆、湘、郢、益、寧、南梁六州諸軍事，西中郎將，荆州刺史。大同六年（540），出爲使持節，都督江州諸軍事，鎮南將軍，江州刺史。太清元年（547），徙爲使持節，都督荆、雍、湘、司、郢、寧、梁、南北秦九州諸軍事，鎮西將軍，荆州刺史。天正二年（552）於江陵稱帝，後戰敗爲西魏所殺。蕭繹著述頗豐，《梁書本紀》載其有《孝德傳》三十卷、《忠臣傳》三十卷、《丹陽尹傳》十卷、《注漢書》一百一十五卷、《周易講疏》十卷、《內典博要》一百卷、《連山》三十卷、《洞林》三卷、《玉韜》十卷、《補闕子》十卷、《老子講疏》四卷、《全德志》、《懷舊志》、《荆南志》、《江州記》、《貢職圖》、《古今同姓名錄》一卷、《筮經》十二卷、《式贊》三卷、《文集》五十卷等。蕭繹《荆南志》，北宋諸書多徵引，南宋《輿地記勝》所引條目多不與之同，當其南宋時仍存，《宋史·藝文志》不見著錄，或亡於宋元之交。

錦

昔齊荊州城東天井出錦，於時士女取用，如人中錦不異，經月乃歇，故知於出不足可怪。(《法苑珠林》卷二十二。此條，《法苑珠林》言出蕭誠《荊南志說》，應即蕭世誠《荊南志》。吳均《齊春秋》並載之。)

莊王墓

莊王墓在江陵西三十里，周迴四百步，前後陪葬數十塚，皆自爲行列也。(《渚宮舊事》卷二。)

層臺

楚地以北山東有層臺〔一〕，昔楚莊王築之，延袤百里，砥石千里。時有諸卿士諫王，王從而毀也。(《太平寰宇記》卷一百四十六。又見《輿地紀勝》卷七十八。)

〔校記〕

〔一〕此句，《輿地紀勝》無。

陽歧山

石首縣陽歧山，山無所出，不足可書，本屬南平界。(《太平御覽》卷四十九。)

方臺山

華容方臺山〔一〕，山出雲母，土人採之，先候雲所出之處，於下〔二〕掘取，無不大〔三〕獲。往往有長五尺〔四〕者，可以〔五〕爲屏風。當掘之〔六〕時，忌有聲，響〔七〕則所得粗惡。(《太平御覽》卷四十九。又見《太平寰宇記》卷一百一十三、《事類賦注》卷七。)

〔校記〕

〔一〕此句，《太平寰宇記》無。

〔二〕於下，《事類賦注》作「於其下」。

〔三〕大，《太平寰宇記》無。

〔四〕五尺，《事類賦注》作「五六尺」。

〔五〕以，《事類賦注》無。

〔六〕之，《事類賦注》無。

〔七〕響，《事類賦注》無，《事類賦注》「聲」後有「不」字。

華容方臺山出雲母，土人候雲所出之處，於下掘取，無不大獲，有長五六尺可爲屏風者。(《才調集補注》卷五。)

雲山出雲母，土人採之，先候雲所出處，在其下掘之，無不大獲。有長五尺者，可以爲屏風，當掘時有聲，即粗惡也。(《岳陽風土記》。)

方臺山出雲母，土人採之，先候雲所出，掘之往往有長五尺者，可爲屏風。(《輿地紀勝》卷六十九。)

薔薇江

此洲（枚廻洲）北江呼爲薔薇江，始自梅槐，下迄燕尾，上有奉城，故江津長所居。(《太平寰宇記》卷一百四十六。)

廻北江，呼爲薔薇江。(《輿地紀勝》卷六十四。)

高沙湖

高沙湖在枚廻洲上〔一〕，翠澤平皋，水陸彌曠，菱荷殷生，鱗羽滋阜。湖南林野清曠，可以棲托，故徵士宗炳昔常家焉。北有小水，自湖通江，謂之曾口是也。(《太平御覽》卷六十六。又見《太平寰宇記》卷一百四十六。)

〔校記〕
〔一〕此句，《太平寰宇記》無。

百里洲

（枝江）縣界內洲大小凡三十七，其十九有人居，十八無人居〔一〕。(《太平寰宇記》卷一百四十六。又見《太平御覽》卷六十九。)

〔校記〕
〔一〕居，《太平御覽》無。

巴山

巴人復遁而歸，因有巴復村，在山北，故曰巴山也。(《太平寰宇記》卷一百四十六。)

巴人後遁而歸，有巴復村，故曰巴山。(《輿地紀勝》卷六十四、《方輿勝覽》卷二十七。)

五葉湖

昔湖側有土人張被，五葉同居，因以爲名。(《輿地紀勝》卷六十四。)

舞溪獠㵲

舞溪獠㵲之類，其縣人但羈縻而已，溪山阻絕，非人跡所履，又舞陽烏㵲，萬家皆咬蛇鼠之肉，能鼻飲。(《輿地紀勝》卷七十一。)

荊潭

荊潭以上為漄〔一〕水，荊潭以下為漕水。(《太平寰宇記》卷一百四十六。又見《輿地紀勝》卷七十八。)

〔校記〕

〔一〕漄，《輿地紀勝》作「建」。

存疑

婆羅樹

晉永康元年，巴陵顯安寺僧房床下忽生一樹，隨發隨生，如是非一樹，生愈疾，咸共異之，置而不剪，旬日之間，植柯極棟，遂移房避之。自爾以後，樹長便遲，但極晚秀，夏中方有花葉，枝落與眾木不殊，多歷年稔，人莫識也。後外國僧見之，攀而流涕曰：「此娑羅樹也。佛處其下涅槃，吾思本事所以泣耳。」而花開細白，不足觀採，元嘉十一年忽生一花，形色如芙蓉樹，今見在此，亦一方之奇跡也。(《天中記》卷五十一。此條，《齊民要術》卷十、《太平御覽》卷九百六十二言出盛弘之《荊州記》，《北戶錄》卷三言出伍安貧《武陵記》。《天中記》前不見有言出《荊南志》者。)

《職貢圖》　　梁蕭繹

梁元帝《職貢圖》，《隋書·經籍志》不載，新、舊《唐·志》、《宋史·藝文志》皆言一卷。《玉海》言「元帝畫《職貢圖》，并序外國貢事。」史繩祖《學齋占畢》卷二《王會貢職兩圖之異》言：李公麟所述云，梁元帝蕭繹鎮荊州時作《貢職圖》，狀其形而識其土俗，首虜而後蠻，凡三十餘國。《佩文齋書畫譜》言「梁元帝《職貢圖》一卷，自且末、中天竺、師子、北天竺、渴盤陀、武興番、高昌及建平蠻、臨江蠻凡九國，前圖使者形狀，後列其土俗、貢獻、歲月，而各國咸如之。」今將其「序外國貢事」者列於下，以備參考。

　　竊聞職方氏掌天下之圖，四夷、八蠻、七閩、九貉，其所由來久矣！漢氏以來，南羌旅距，西域憑陵，創金城，開玉關，絕夜郎，討日逐。睹犀甲則建朱崖，聞葡萄則通大宛，以德懷遠，異乎是哉？皇帝君臨天下之四十載，垂衣裳而賴兆民，坐巖廊而彰萬國，梯山航海，交臂屈膝，占雲望日，重譯至焉。自塞以西，萬八千里，路之峽者，尺有六寸，高山尋雲，深谷絕景，雪無多夏，與白雲而共色；冰無早晚，與素石而俱貞。逾空桑而歷昆吾，度青丘而跨丹穴。炎風弱水，不革其心；身熱頭痛，不改其節。故以明珠、翠羽之珍，細而弗有；龍文、汗血之驥，卻而不乘。尼丘乃聖，尤有圖人之法；晉帝君臨，實聞樂賢之象。甘泉寫閼氏之形，後宮玩單于之圖。臣以不佞，推轂上游，夷歌成章，胡人遙集。款關蹶角，沿溯荊門。瞻其容貌，訊其風俗。如有來朝京輦，不涉漢南，別加訪採，以廣聞見，名爲《貢職圖》云爾。（《藝文類聚》卷五十五。此條，《金樓子》卷五亦載。）

　　贊曰：北通元菟，南漸朱鳶，交河悠遠，合浦廻遭，茲海無際，陰山接天，遐哉鳥火，永矣雞田。（《藝文類聚》卷七十四。）

《梁京寺記》　　佚名

　　《梁京寺記》，卷亡，史志不著錄，其所記全爲梁時事，或其成書於梁後。唐《法苑珠林》有引，則其應作於唐前。

冥真寺

　　梁南冥眞寺在秣陵縣中興里，普通五年，沙門惠釗起造。惠釗生緣姓徐，齊初隨舅在廬陵，於路拾得一襆，襆中有繡帕，帕裏有五色紙，各爲一裏。始開四重，都無所見。末開最下縫紙，見光影如電，晃曜一室。因此仍感神瑞，入水不沒，入火不然。家人以爲發狂，始就籠檻，關閉甚嚴，俄而出外，乃知神力，因設虛座請福。空中有言曰：「我是長生菩薩，應利益國土，汝可依佛法清淨供養。」於是競以香華貢奉，每有靈驗。南人李叔獻結願乞本州，後果爲交州刺史。乃造沉香神影。世人以神重名華，因號爲華娘神，百姓送供闐噎，齋會所餘，惠釗教化，悉以起寺。（《法苑珠林》卷三十六。）

小莊嚴寺

梁小莊嚴寺在建業定陰里，本是晉零陵王廟地，天監六年，度禪師起造，時有邵文立者，世以烹屠爲業，嘗欲殺一鹿，鹿跪而流淚，以爲不祥。鹿懷一鼈，尋當產育，就庖哀切，同被剉割，因斯患疾，眉鬚皆落，身瘡並壞，後乃深起悔，責求道度禪師發大誓願，罄捨家資，迴買此地，爲立伽藍。（《說郛》宛委山堂本卷六十一。）

同泰寺

梁武帝改年號大同，起同泰寺，在臺城內，窮竭帑藏，造大佛閣七層，爲火所焚，武帝捨身施財，以祈佛福，自大通以後，無年不幸。（《說郛》宛委山堂本卷六十一。）

興國禪寺

梁武帝天監十三年，以錢二十萬易定林寺，前岡獨龍阜，以葬誌公，永定公主以湯沐之資造浮圖五級於其上，十四年，即塔前建開善寺。（《說郛》宛委山堂本卷六十一。）

昇元寺

昇元寺即瓦棺寺也，在城西隅，瞰江面後，踞崇岡，最爲古跡，累經兵火，略無彷彿，李王時，昇元閣猶在，乃梁朝故物。（《說郛》宛委山堂本卷六十一。）

大愛敬寺

梁武帝普通元年，造在蔣山之北高峰上。（《說郛》宛委山堂本卷六十一。）

法寶寺

梁同泰寺基之半也。建康刹錄，梁武帝大通元年創同泰寺，寺處宮後，別開一門，名大通門，帝晨夕講議，多遊此門。（《說郛》宛委山堂本卷六十一。）

法光寺

即梁之蕭帝寺，舊傳天監十三年造元絳寺，記云不知從昔之名，故後人以帝氏目之。（《說郛》宛委山堂本卷六十一。）

寶林寺

梁天監中，武帝與寶公同遊此山，見林巒殊勝，命建精藍。(《說郛》宛委山堂本卷六十一。)

長干寺

建康南五里有山岡，其間平地，庶民雜居，有大長干，小長干，東長干，並是地名。小長干在瓦棺寺南，巷西頭出大江，梁初起長干寺。(《說郛》宛委山堂本卷六十一。)

《衡山記》　李明之

除徐靈期《衡山記》外，《雲仙雜記》等所引又有李明之《衡山記》數條，李明之《衡山記》，卷亡，史志不著錄。觀其條目，並不記衡山事，《雲仙雜記》一書多偽，此二條或亦其附會而成。

火筯

朱符謂火筯，如兩儀成變化，不可缺一，本明大師在坐，曰：「當以玉爲之。貴能不熱。」(《雲仙雜記》卷二。)

朱符謂火筯如兩儀成變化，不可缺一。(《路史》卷一。)

朱符謂火箸，如兩儀不可缺一，故不曰二，而曰兩者，陰陽互爲用也。(《隱居通議》卷二十八。)

髻

小兒髮初生爲小髻，十數，其父母爲兒女相勝之辭曰：「蒲桃髻，十穗勝五穗。」(《雲仙雜記》卷七。)